国家自然科学基金项目"不同链位势下我国出口企业竞争优势动态演进研究——基于异质性视角"（项目编号：71672051）

中国博士后科学基金特别资助项目"增加值贸易分解下产业位势与我国出口效应研究"（项目编号：2017T100197）

中国外包企业升级机制及经济效应研究

Upgrading Mechanism and Economic Effects of China's Outsourcing Enterprises

马晶梅 著

中国社会科学出版社

图书在版编目（CIP）数据

中国外包企业升级机制及经济效应研究/马晶梅著．—北京：
中国社会科学出版社，2018.3
ISBN 978 - 7 - 5203 - 1817 - 4

Ⅰ.①中…　Ⅱ.①马…　Ⅲ.①对外承包—国际承包工程—研
究—中国　Ⅳ.①F752.68

中国版本图书馆 CIP 数据核字（2017）第 324772 号

出 版 人	赵剑英	
责任编辑	侯苗苗	
特约编辑	明　秀	
责任校对	周晓东	
责任印制	王　超	

出　　版	中国社会科学出版社	
社　　址	北京鼓楼西大街甲 158 号	
邮　　编	100720	
网　　址	http://www.csspw.cn	
发 行 部	010 - 84083685	
门 市 部	010 - 84029450	
经　　销	新华书店及其他书店	

印　　刷	北京明恒达印务有限公司	
装　　订	廊坊市广阳区广增装订厂	
版　　次	2018 年 3 月第 1 版	
印　　次	2018 年 3 月第 1 次印刷	

开　　本	710×1000　1/16	
印　　张	14.25	
插　　页	2	
字　　数	212 千字	
定　　价	59.00 元	

前　言

　　作为国际分工不断深化的产物，国际外包模式被认为是发展中国家企业嵌入全球价值链，实现企业升级的有效途径。改革开放以来尤其是 20 世纪 90 年代之后，中国企业承接发达国家对外进行产业转移的机遇，通过国际外包模式参与国际竞争并获得快速发展，成为世界许多产业的"世界工厂"。尽管中国外包企业能够以巨量产能为世界市场提供产品，由于其核心技术、品牌及销售渠道等高附加值环节大多被发达国家品牌商控制，中国外包企业在全球生产体系中处于劣势地位。顺应国际经济形势发展及国内产业结构调整的客观要求，实现企业升级成为中国外包企业摆脱全球价值链"低端锁定"生存危机，获取持续发展的必然战略选择。

　　本书系统地回顾了国际外包及企业升级的相关理论，分析了国际外包体系以及中国外包企业发展的现状和特征。利用劳动密集型指数对中国制造业进行明确的划分，计算结果表明中国大部分制造业都具有显著的劳动密集型特征，这与中国传统的劳动/非劳动密集型行业划分结果存在较大差异。此外，结合贸易专业化指数、外包绩效指数对中国各制造行业外包绩效进行测度，并按测算结果对中国各外包行业的国际竞争力和潜力进行分类和比较。根据企业升级的内涵分别测算中国各外包行业劳动生产率及其增长率，为研究中国外包企业升级提供直观的现实依据。

　　构建国际外包体系下发展中国家企业升级机制的理论模型。首先，建立不同技术复杂程度中间产品的技术转移效应模型。指出在低技术含量中间产品生产过程中，外包企业通过从品牌商获取基于产品质量、生产流程方面信息的技术转移，促使企业逐步形成熟练技术工人群体，从而提升企业的技术能力。而由于高技术复杂程度中间产品生产包含特有的管理能力等"软性知识"，成为发展中国家外包企业知识积累的重要保证，而其与发达国家品牌商对相关费用的分摊也构成了外包企业创新的内在激励。其次，从劳动市场上熟练劳动及非熟练劳动的相对需求从而相对工资变化角度对企业升级的机制进行研究。得出发展中国家企业通过承接零部件生产的外包业务，不断提升生产中熟练劳动的含量和需求量，使其产品熟练劳动密集度不断提升。最后，从企业生产均衡的角度分析发展中国家企业通过承接外包业务使企业生产可能性边界外移，企业生产效率获得提升，从而为企业升级提供基础和必要条件。

通过构建不同形式生产函数的计量经济模型，采用2007—2011年中国制造业行业的面板数据，对中国外包企业升级进行实证研究。首先，基于外包企业与封闭企业边际要素生产率存在差异的假设前提，构建考察外包企业劳动生产率的生产函数模型，检验结果证实了相关假设命题，即中国企业通过外包业务获取了更高的劳动生产率，并且非劳动密集型外包企业劳动生产率的提升效果高于劳动密集型行业。其次，构建外包企业技术创新能力模型，分别采用企业科技人员比重和专利申请数量作为企业创新能力的替代变量，对中国企业获取发达国家先进技术转移的效应进行实证检验。结果表明通过承接外包业务使中国企业的创新能力得到显著提升。最后，构建以熟练劳动为主要体现的人力资本就业模型，检验结果证实中国非劳动密集型外包企业人力资本对于企业人均产出的贡献大于劳动密集型行业，从而为中国外包企业熟练劳动与非熟练劳动相对工资扩大提供解释和经验支持。

基于以上研究结果，本书得出以下结论：国际外包生产模式，尤其是非劳动密集型行业的外包生产有利于中国企业创新能力、劳动生产率及均衡收益的提升。因此，在新的国际经济形势下，提高劳动密集型行业外包生产中熟练劳动含量，或者加强非劳动密集型行业的外包生产不仅有助于提升中国外包企业的国际竞争力，促进企业实现升级，并且对于中国产业结构调整和国家经济发展方式转变也具有重要的现实意义。

目　　录

图 目 录

表 目 录

第一章　绪论

第一节　选题背景及研究意义

一　研究背景

20 世纪 90 年代以来，中国沿海经济发达地区企业利用发达国家对外进行产业转移的机遇，通过外包模式，成为全球服装纺织、制鞋、玩具、家电、电子、通信设备等众多产业的"生产车间"。尽管中国外包企业以巨量产能向全球供应产品，然而，由于核心技术、行业技术标准、品牌及渠道等高附加值环节大多被发达国家的跨国企业所控制，许多外包企业只能获得微薄的利润，从而在全球生产体系中处于相对劣势地位。尤其是国际金融危机以来，中国外包企业的国际生存环境日益恶化。与此同时，中国低成本、高污染、高耗能粗放式发展模式下所积累的产业结构矛盾进一步释放，国民经济历经多年高速发展开始进入周期性调整阶段。在此背景下，外包企业面临日益严峻的挑战。

（一）国际背景

1. 国际市场需求萎缩导致企业订单压力加大

在原有世界经济运行体系下，发达国家通过国内高消费带动发展中国家制成品出口。然而，国际金融危机以及欧美市场严重的债务问题使这种经济运行模式难以持续。作为外包企业订单主要来源地，主要发达国家经济复苏乏力，失业率高居不下、消费者信心及购买力下降。这对外包企业的影响直接表现为订单数量和金额显著下降，加上国外客户对于供货价格、付款周期敏感度加强，进一步加剧了中国外包企业的订单压力。同时，许多外包企业为吸引海外大订单进行了大量的资产专用性投资，而随着世界市场需求严重萎缩、订单显著减少，一些企业出现生产设备闲置，增加了额外的生产成本。此外，大多数外包行业进入门槛低，企业之间竞争激烈，难以将上涨的生产成本向客户转移，因而，中国外包企业订单利润空间进一步被压缩，企业生产及发展面临严峻挑战。

2. 发达国家"再制造业化"及来自其他发展中国家的竞争加剧

在国际金融危机冲击下，发达国家纷纷提出"再制造业化"的发展战略，力图通过传统制造业的转型升级和发展新兴产业，重振其制造业。据波士顿咨询公司分析报告预测，未来几年，中国工资将以年均17%的速度增长，加上人民币升值，中美两国劳动力成本和工资差距将逐渐缩小。由于美国劳动力拥有更高的劳动生产率，到2015年，中国制造业净劳动力成本将与美国相当。因此，美国一些制造企业将陆续回到中国设厂，越来越多的"美国制造"会取代"中国制造"，中国企业为美国制造业大规模外包的时代也将结束。

其他如东盟、印度、拉美等地区的新兴发展中国家也纷纷通过产业升级和经济结构调整，加速了追赶的步伐。与生产成本快速上涨的中国外包企业相比，越南、孟加拉国、柬埔寨、印度尼西亚等国企业在劳动力成本上已经显示出日益明显的优势。一些对劳动力成本十分敏感的中低端制造业的跨国公司已经开始将部分订单及生产基地向这些国家转移。如世界最大的玩具品牌商美泰已经将其玩具订单转向拉丁美洲的外包企业。耐克公司财年报告则显示，2010年，"越南制造"首次超过"中国制造"，越南取代中国成为耐克运动鞋最大的全球外包基地。此后，越南外包企业生产的耐克运动鞋占耐克全球产量比重继续上升，从2010年的37%上升到2012年的41%，而中国占比则从2010年的34%下降到2012年的32%（见表1-1）。与此同时，在通信、电子、汽车等OEM零部件等外包领域，中国"世界工厂"的地位也逐渐受到其他发展中国家的挑战。

表 1 - 1　　　　2010—2012 财年耐克公司全球外包企业生产

耐克运动鞋所占份额　　　　单位:%

国家＼年份	2010	2011	2012
越南	37	39	41
中国	34	33	32
印度尼西亚	23	24	25
其他国家	6	4	2

注：其财年到当年 5 月 31 日。

资料来源：耐克公司发布的 regulatory filing。

（二）国内背景

1. 中国外包企业传统竞争优势逐渐丧失

近年来，随着国际市场原材料价格走高、国内人民币升值、劳动力成本提高的"三高时代"到来，中国外包企业的生产成本和出口成本不断增加，主要表现为：

（1）农产品、石油及有色金属等国际大宗商品及原材料价格大幅度波动并呈持续上升趋势，导致外包企业库存及经营成本上升。

（2）2005 年人民币汇率制度改革以来，人民币币值逐渐上升。与此同时，国际上存在强烈的人民币升值预期，热钱大量流入，进一步推动了人民币对国际主要货币的升值幅度，严重削弱了以外向型经济模式为主的中国外包企业的出口竞争力。

（3）随着中国经济持续快速发展，中国居民人均收入水平稳步提高。同时，近年来国内通货膨胀率急剧上升，物价水平不断上涨，企业工人加薪意愿更加迫切，新劳动法的实施更是促使企业劳动力成本在短期内快速上升。以珠三角地区外包企业为例，新劳动法出台后，企业劳动力成本骤然提升 30%，给企业的正常生产和运营带来很大冲击。

目前，中国外包企业主要集中在中低端的劳动力密集型产业。而据中国皮革协会报告显示，中国制鞋劳动力成本已经高于印度和越南；在服装行业，中国外包企业加工一件服装的费用至少要 2 美元，而在孟加拉国则不足 1.3 美元。生产及运营成本的不断上升使中国外包企业传统的比较竞争优势逐渐丧失。

2. 企业核心技术及品牌缺失

在承接发达国家对外产业转移的过程中，中国外包企业主要提供廉价的土地和劳动力，负责附加价值较低的零部件或最终产品的生产与装配业务。从全球价值链的不同构成环节来看，这些环节大多处于"微笑曲线"的底端；而附加价值较高的研发设计、营销服务、市场渠道等位于曲线两端的环节则主要保留在发达国家或外包给其他发达国家企业（见图 1 - 1）。

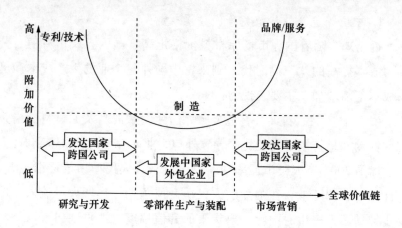

图 1 -1　全球价值链的"微笑曲线"

造成这种现象的根本原因是许多外包企业自身产业技术水平较低，创新能力不足，缺乏核心技术与品牌影响力。这也使一些企业生产同质化严重、企业可替代性较强。与此同时，相当比例的外包企业所在产业的核心技术主要依赖进口和国际品牌商，尤其是高技术产业所需的高端装备已经形成较为严重的国际市场依赖，导致产品定价权主要掌握在发达国家品牌商手中。因此，如何通过提升企业自身的产业技术水平，实现核心技术的突破和建立自主品牌，是当前中国外包企业实现差异化，摆脱低端锁定困境的重要途径。

在新的国际经济形势下，中国外包企业面临前所未有的挑战和压力。因此，顺应国际经济新形势及国内产业结构调整的客观要求，通过升级摆脱全球价值链"低端锁定"的生存危机，获取企业持续发展动力成为外包企业面临的必然战略选择。然而，中国外包企业升级现状如何，企业升级的机制和路径有哪些，企业升级及其绩效如何测度？这些问题的探讨和解答将为中国外包企业摆脱生存危机，获取企业持续发展动力提供理论基础和现实依据。

二 研究意义

（一）理论意义

1. 丰富和完善国际外包理论与国际分工理论

在有关国际外包理论的基础上，从发展中国家外包企业与发达国家先进企业互动关系角度，分析国际外包体系下技术转移溢出与获取的机制，研究并检验技术转移对外包企业升级的影响，从研究视角和研究内容上进一步丰富和完善国际外包理论与国际分工理论。

2. 对当前企业升级理论进行有益的补充

通过构建国际外包体系下中国企业升级机制的理论框架，从技术溢出获取、劳动市场熟练劳动/非熟练劳动相对需求以及企业均衡下外包收益的获取角度，探讨国际外包体系下发展中国家升级的机制，对中国不同行业外包企业升级进行实证检验，进一步丰富企业升级的理论与经验研究。

（二）现实意义

在分析中国各制造行业外包企业的发展现状、特征的基础上，分别从对企业劳动生产率提升效应、从发达国家先进企业获取技术转移效应，以及提升企业人力资本水平等角度构建不同形式的生产函数模型，对中国外包企业升级效应进行实证检验，为政策决策部门制定相关政策提供理论及现实依据，对于当前实现中国产业结构优化和促进经济发展方式转变具有重要的现实意义。

第二节　相关概念界定

一　国际外包

外包，又称为"制造外包"（Manufacturing Outsourcing）、"合同制造"（Contract Manufacturing）。不同出处的文献和资料对其具体定义有不同的理解，但基本含义是指发达国家跨国公司出于降低生产成本、分散经营风险的全球战略目标，将原本在企业内部进行的生产制造环节，外包给其他具有比较优势的发展中国家制造企业，后者则根据双方签订的合同及要求进行生产或装配，甚至参与上游工序的设计以及下游的物流、销售等环节，但产品完成后加贴发包企业品牌进行出售。因此，国际外包具有典型的"贴牌"生产性质。

国际外包生产发展经历了多个层次（见图1-2）：最初的形式为"三来一补"、简单加工成品或零部件，后来发展到制造完全的产品（Original Equipment Manufacturing，OEM），即外包企业按照买方（跨国品牌商）的生产指令，自行组织产品生产或把生产过程进一步分解为不同环节，分包给不同企业，产品以买方品牌出售，并直接从原始设备制造商处得到酬劳。后来发展为委托设计制造（Original Design Manufacturing，ODM）或电子制造服务（Electronics Manufacturing Services，EMS）。ODM指外包企业为原始设备制造商提供制造及产品开发和设计服务。品牌商负责市场推广、销售和技术服务的组织与协调。EMS指在通信领域和信息技术领域，外包企业负责产品的制造、采购，甚至产品设计以及物流。品牌商一般只控制核心技术研发和产品销售。此外，部分厂商随着OEM及ODM的发展，最终将发展成经营自己品牌的自有品牌商即OBM。

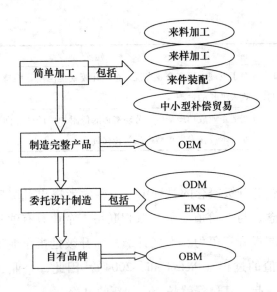

图 1 - 2　国际外包生产方式的发展

二　企业升级

Gereffi（1999）最早将升级引入全球价值链分析模式，并明确地提出企业升级的概念。他认为升级是一个企业或经济体迈向更具有获利能力的资本和技术密集型经济领域的过程。此外，升级常常被定义为企业制造更好的产品、更有效率的生产或者以及从事高附加值或需要更高技能的活动，以达到增强企业竞争力的目的（Humphrey & Schmitz, 2000, 2002；Kaplinsky, 2001）（见表 1 - 2）。

表 1 - 2　　　　　　　　　　　企业升级概念

文献来源	定义
Gereffi（1999）	企业或经济体迈向更具有获利能力的经济活动转移的动态过程
Humphrey 和 Schmitz（2000）	企业通过获得技术能力和市场能力，以达到增强企业竞争力以及从事高附加值活动的目的
Kaplinsky 和 Morris（2001）	制造更好的产品、更有效率的生产或者以及从事需要更高技能的活动

续表

文献来源	定义
Humphrey 和 Schmitz（2002）	对于发展中国家企业来说，企业升级就是能使其维持收入或者能使收入增长的过程
Poon（2004）	制造企业成功地从生产劳动密集的低附加值的产品向生产更高价值的资本或技术密集型产品的转移过程

在界定企业升级概念的过程中，一些学者提出升级实际上是一个相对的概念，与"价值"的获取相联系。企业只有通过创新获得价值增值才能提升竞争力，实现升级，即升级是指企业通过创新来获得价值增值的过程（Pietrobelli，2004）。因此，企业升级往往与创新交织在一起，其过程就是企业创新的过程。

然而，当前学术界阐述的有关"升级"概念存在一些争议：第一，"升级"与"创新"两个概念经常被视作等同，但实际上两者是因果关系，升级是创新的结果。第二，升级是将比较优势转化和过渡为竞争优势的过程。在全球价值链背景下，企业能否获取经济租最终取决于其能否掌握市场权力和价值链的领导权（Kaplinsky，2002），而过分强调附加值反而有可能忽略企业竞争优势的真正来源。第三，一般的研究都将升级简单地定义为产品单位价值的增加，即升级可能是各种形式创新或生产成本降低的结果，这种传统的升级界定方式有可能会导致企业长期战略上的失误（包玉泽等，2009）。

本书对于企业升级的研究主要是基于企业成长的角度，结合中国企业所处的历史发展阶段和行业特征，关注企业如何获取具有可持续性的企业竞争优势能力的过程。因此，本书将企业升级界定为：企业在参与市场竞争过程中，通过企业之间的关联与互动，获得企业竞争力和绩效提升的过程。实际上是企业由低技术水平、低附加价值状态向高技术、高附加价值状态演变的过程。这一概念包括以下几层意思：

（1）企业与其所处价值链以及全球生产体系中其他企业的关系及相互作用。在开放的系统内，通过与外部资源相结合，实现内部资源配置优化，达到企业提高生产效率、增强企业功能和异质性，提升企业的竞争优势的目的。

（2）企业竞争力的提升和绩效的改善。竞争力和绩效是测试企业升级的重要维度。企业竞争力的提升可以促使企业实现全球价值链的攀升，是企业升级的动力；而企业生产绩效的改善实质既是企业效益的提升，也是企业升级的结果。

（3）相对性。企业升级是与其自身以及竞争对手相比。通过企业内外部资源整合，调整和改变企业嵌入全球价值链中的价值环节，从而形成企业新的竞争优势。这一过程反映了企业竞争力和绩效的演变和相对优势。

此外，由于中国目前正处于经济转型阶段，在许多文献和资料中，"转型"和"升级"两个概念常常出现在一起。本书对中国外包企业升级的研究中，包括外包企业在发展模式（重组或整合企业价值链，转变企业提高绩效的经营方式）、经营战略（企业在经营管理、市场营销、研发等战略方面的转变）方面的转换，从这个角度上看，研究内容涵盖了企业转型的内容。

第三节　研究内容及研究方法

一　研究内容

本书研究内容主要包括以下几个部分：

1. 理论回顾及中国外包企业发展现状

首先，对国际外包以及与企业升级相关的理论研究进行系统回顾。其次，从国际贸易成本、电子技术进步以及国际贸易自由化趋势的角度分析国际外包体系发展的动因。再次，分析当代国际外包体系下国际分工与交易的特征、参与企业的组织特征以及外包过程中知识溢出及学习过程。最后，介绍改革开放以来中国制造企业参与国际分工的发展现状，以及中国外包企业的历史发展历程。

2. 中国外包规模及企业升级测度研究

首先，介绍采用不同统计数据的外包测度方法，分别根据加工贸易数据、中间产品贸易数据对中国外包规模进行考察，并以中国最主要的贸易伙伴——美国和日本为研究对象，分析不同来源国的外包规模。在此基础上，采用加工贸易数据及投入产出数据对中国外包企业升级进行测度，并分别以劳动生产率和全员劳动生产率为主要衡量指标，对中国外包企业的升级绩效进行测度。通过对采用不同统计方法和指标变量测算得出的结果进行分析比较，为测算中国各行业外包企业升级提供直观的现实依据。

3. 外包企业升级的机制和路径进行研究

本章首先基于跨国公司效率最大化的国际化生产路径选择的模型，以动态视角考察中间品生产过程中跨国公司向外包企业技术转移的动因与条件，研究在技术复杂程度不断提高的情境下，影响外包企业提升的机制。其次，从劳动市场上熟练劳动及非熟练劳动的相对需求和相对工资变化角度对企业升级的机制进行研究。再次，从企业均衡的角度，分析国际外包体系下由于研发活动和零部件生产世界相对价格的变化使发展中国家企业获取外包收益的影响。最后，对国际外包体系下发展中国家升级路径进行探索，并以富士康集团作为代表性案例，研究其在不同生命周期采取的升级模式以及升级表现、升级效果。本章为企业升级机制研究提供多层面和多角度的理论依据和现实参考。

4. 对中国各行业外包企业升级进行实证检验

采用中国制造行业的面板数据，对中国外包企业升级进行检验和估计。首先，构建以 Douglas 形式的生产函数模型，检验各行业外包生产的技术溢出效应及其技术优势。在此基础上，根据技术复杂程度对制造业进行进一步划分，进而检验不同技术复杂度行业外包企业的技术效应。其次，构建外包的就业效应模型，对外包在中国就业市场的动态效应进行检验。

二　研究方法

本书在国际外包以及企业升级相关理论的基础上，构建国际外包体系下发展中国家企业升级机制的理论框架。采用行业面板数据，构建不同形式生产函数的计量经济模型，对中国外包企业升级的效应进行估计和检验。具体研究方法有以下几种：

1. 理论框架构建

在相关理论的基础上，从国际外包体系下不同技术复杂程度中间产品的技术转移效应、劳动市场上熟练/非熟练劳动的相对需求以及外包企业生产均衡角度构建发展中国家外包企业升级机制的理论框架。

2. 指数统计分析方法

使用构建相关指数，对中国各制造行业的劳动密集度指数、贸易专业化指数、外包绩效指数进行测算，分析和比较中国各外包行业的国际竞争力；对各行业劳动生产率进行测算和比较，从而得出中国外包企业升级的直观测算结果。

3. 案例分析方法

采用典型案例分析方法，结合企业生命周期理论，对代表性外包企业在不同历史阶段的经营状况、产品内容及发展特点和采取的升级模式进行分析。

4. 计量经济模型构建及回归检验

运用不同形式的函数形式，建立考察中国外包企业升级经济效应的经济计量模型，采用行业面板数据，对不同效应的面板数据模型进行估计和检验，并根据模型设定的检验选择合理的模型形式，分别考察外包对中国企业劳动生产率、技术优势的提升效应。

三　技术路线

通过文献回顾和梳理，对相关概念和研究范畴进行界定，分析国际外包体系及中国外包企业发展阶段、特征；构建评价中国外包企业升级的测度指标，对中国各行业外包企业经营和升级的现状进行评价与分析；从国际外包体系创新溢出角度、全球价值链分割下劳动市场角度以及外包企业收益变化角度为研究外包企业升级的机制提供理论框架；在此基础上，建立不同形式的生产函数模型，采用行业面板数据，分别对外包生产的技术效应及动态就业效应进行实证检验；最后提出相应的政策建议（见图1-3）。

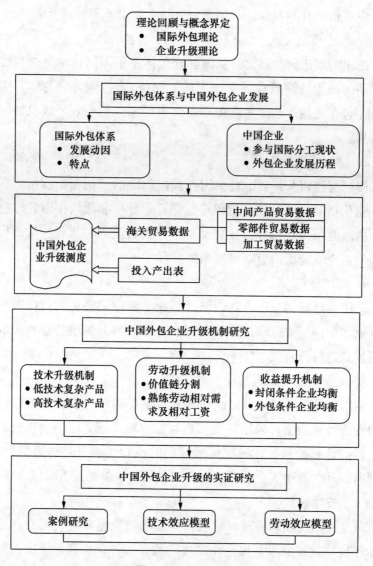

图1-3 技术路线

第二章　相关理论及实证研究回顾

本章主要对国际外包以及与企业升级相关的理论研究进行了系统的回顾。最早的有关国际外包的理论是对发达国家跨国公司外包的动机进行研究，之后许多学者对于国际外包与发展中国家的外包企业技术进步之间的关系以及国际外包过程中知识技术溢出的机制和渠道进行了研究。对于外包对劳动力市场和劳动生产率的研究角度和内容相对称，一些学者分别从发达国家和发展中国家对以上内容进行了理论和经验研究。对于企业升级的研究主要从企业核心竞争力理论、动态能力理论以及通过全球价值链获取技术进步的角度等方面展开。

第一节　国际外包研究

由于"外包"在概念界定方面不统一，本书在进行理论回顾和评价时，主要根据相关文献的自身描述，对国际外包理论进行回顾和评价。由于大部分相关理论和经验研究以外包（outsourcing）为题，因此，本节以外包理论作为题目和内容。

国际外包是一个企业从国外获得实物或服务形式中间投入品的过程（Amiti & Wei，2005）。国际外包理论基础是古典国际贸易理论。作为在古典国际贸易理论的核心和现代国际贸易理论的重要基石，比较优势理论（Ricardian 模型）和要素禀赋理论（H－O 模型）很好地解释了国际商品贸易的基本动力以及国际分工、国际贸易的结构问题。这些理论在很大程度上也同样适用于国际外包这一较新的国际经济现象：比较优势是其基本动力，要素禀赋与技术差异是决定分工方式与贸易结构的主要因素。目前，国际外包理论的研究主要从国际外包的动机、国际外包与技术进步的关系、国际外包体系下的知识溢出效应和学习过程，以及国际外包对劳动力市场就业和工资的影响和国际外包对劳动生产率的影响方面展开。

一 国际外包的动机

从作为发包方的发达国家企业角度来看，其外包动机大致可以分为生产性动机和战略性动机两类。前者外包的目的在于降低企业运营成本、提高生产效率和弹性以及创造高附加价值产品等，后者外包的目的是将海外供应商纳入其供应链战略管理体系，以便于其高效率地响应市场需求。Antras（1992）认为，外包作为一种混合治理结构，通过实现与纵向一体化一样的成本优势，能够降低制造成本以及工厂、设备的投资，并因此降低固定成本，从而达到一个较低的盈亏平衡点。Hensher（1988）和 Walsh（1991）的研究则表明，通过外包企业能够节约 20%—30% 的生产成本。此外，Quinn（1994）基于企业理论，将外包与企业核心能力战略联系起来，认为外包战略和核心能力战略是两个相互联系、相互支持的运营战略，可以改变企业的运作绩效，培育企业的持续发展能力。Grossman（2002）的研究则将外包理解为企业寻找外部资源的过程。他认为，外包不仅有助于提升企业维持自身竞争优势的知识、技能以及为顾客提供独特价值的能力，还能够为发包企业获得创新的重要途径。（Quinn，1999）认为，发达国家先进企业从海外供应商获得的创新成本远远低于内部的研发成本。

Gereffi 从承接发达国家跨国公司外包业务角度，总结了东南亚国家承接国际外包主要动机有 6 个：①学习国外买主专业技能；②改进技术、质量、营销及经营规划等；③成为国外买主产销体系成员，以稳定业务来源，降低经营风险；④通过国外买主营销渠道，将自身经营边界延展到海外市场；⑤扩充产能，形成规模经济，以降低产品单位成本；⑥专注于熟悉的领域，构建核心能力等。

二 国际外包与技术进步的关系

1. 技术进步对国际外包发展的影响

根据国际贸易理论，国际外包使国际分工由产品层面进一步向工序层面细化与深化，因此，有利于资源在全世界范围内的合理配置，从而有助于经济的发展。此外，通过跨国外包，跨国公司为承接外包的发展中国家带来了相对先进的生产设备、产品制造技术和管理经验。因此，跨国外包对技术进步有着显著的影响。Hummel等（1998）认为，运输与通信技术进步是垂直专业化贸易增长的主要原因②，这是因为运输与通信技术进步能够使生产环节便利地分配到不同国家，其导致的商品运输和信息传递成本降低则有利于企业相互协调合作，在不同地区监督生产活动。Bartel（2005）通过建立一个外包模型检验了技术变革影响公司外包决策的不同渠道。外包市场价格是统一的，外包的单位成本取决于外包企业的内部成本。由于生产过程中存在固定成本，通过向多个发包方提供外包业务可以产生固定成本产生的规模经济。计算机和信息技术革命的出现一方面降低了承接外包的发展中国家企业生产的固定成本，另一方面使其在使用先进技术而不用支付使用这些先进技术的沉淀成本，从而促使外包快速增加。他还证实了企业使用信息技术密集型技术越多，其外包成本越低。

2. 国际外包对企业技术进步的影响

Grossman（2002）在运用一般均衡模型分析企业生产经营的内部化和外包的决策行为时发现，企业采取外包这种垂直专业化分工的经营模式，不但可以降低企业的经营管理成本，而且还可以获得专业化分工生产时的"干中学"效应所带来的利益。Jabbour（2005）证实了垂直专业化可以成为技术扩散的途径，通过技术扩散外包对技术接受国的企业，甚至对整个国家也都可能产生利益。Amighini（2005）对中国ICT产业的分析表明，中国在这类产业的国际垂直分工中从低端起步，从技术扩散中获益，这对整个国家的产业升级都产生了积极影响。

在国内研究中，张小蒂（2006）研究表明，国际垂直专业化有利于中国产业技术水平的提高，从而对产业竞争力的提升产生了积极的影响。张秋菊（2008）在向量误差修正模型的基础上，检验了中国承接跨国外包与技术进步之间的长、短期因果关系。研究发现，跨国外包与技术进步存在长期稳定的关系，从短期来看，跨国外包是促进技术进步的原因；从长期来看，跨国外包对技术进步的促进作用并不显著，但技术进步是促进跨国外包的原因。

三　国际外包体系下的知识溢出效应和学习过程

研究表明，国际外包体系中的知识溢出和学习对外包企业能力提升有积极的影响。Hobday（2005）研究东亚地区的创新行为时发现中国台湾电子信息产业通过外包模式学习和吸收国外厂商的先进技术，强化了台湾厂商的生产制造体系。Vasilash（1997）研究认为，外包模式并非单纯的业务问题，其目的是提升供应商的能力与技术。Radosevic（1999）研究发现，外包关系中的知识溢出可以通过销售、授权或专利、know－how移转及二手机器移转、技术支持、质量控制、职业训练或技术信息取得等途径实现。Kaplinsky（2001）提出外包合作将促进技能和知识的国际流动，增加全球价值链各个垂直环节的知识存量。

在国内研究中，陈振祥（1997）认为，外包模式可以引进较高层次的产品技术，通过内部学习机制，吸收并转化为自身较先进的产品技术。Gereffi（1999）研究发现，外包企业将从买主学到许多价值链上下游环节的默示知识（tacit knowledge），这种默示知识将成为厂商提升竞争力的有力手段。黄延聪（2002）研究发现，在跨国外包联盟中存在产品开发知识的溢出，台湾厂商通过外包关系可以主动学习这些知识，并提高其自身的产品开发能力。

有关国际外包体系下知识溢出的影响因素，Kaplinsky（2001）提出，价值链治理促进信誉机制的建立，使企业间交易成本趋于下降，有利于价值链上的知识传递和外包企业对知识溢出的获取。黄延聪（2002）认为，组织间的信任和互动是外包企业在联盟中获取知识溢出的主要决定因素。互动频率越高，信任程度越高，则外包企业越能从合作过程中取得产品开发知识。

四　国际外包对劳动力市场就业和工资的影响

（一）对发达国家的影响

1. 理论研究

一些学者基于 H - O 理论框架，对外包的劳动力市场效应进行了分析。Feenstra（1996）构建了只包含一个最终产品部门外包体系下发达国家劳动力市场的分析框架——发达国家将其相对非熟练劳动密集的生产环节外包给发展中国家，从而降低了对本国非熟练劳动的相对需求，从而产生"要素偏倚"效应。Jones（2001）、Egger（2001，2003）、Kohler（2003）等则使用了经典的 2 × 2 的 H - O 产品模型，分析了外包除了对本部门就业和工资产生影响外，还对其他部门的就业和工资产生溢出效应。因此，如果国际外包发生在不同的部门，那么它对劳动力市场的影响将会不同（Amdt，1998）。当国际外包发生在熟练劳动密集行业时，可以降低生产成本，提高熟练劳动的相对工资。但是当外包发生在非熟练劳动密集行业时，则可以提高非熟练劳动的相对工资，因而被称为国际外包的"部门偏倚"效应。

2. 经验研究

（1）行业层面。不少相关研究得出了国际外包对劳动力市场作用显著的结果。如麦肯锡咨询报告（2003）指出，1979—1999 年，美国因进口竞争加剧而失业的工人中有 31% 是由于外包失去工作。此外，该报告预测，外包将导致就业输出大幅增加，其中受影响较大的是信息技术行业。Feenstra（1999）使用进口中间投入占总投入的比例（IITI）度量国际外包，考察外包对美国熟练劳动力与非熟练劳动力工资差距的影响。他们发现国际外包能够解释 1979—1990 年美国非熟练劳动力相对工资增长的 17.5%—40%。Kahn

（2003）使用垂直专业化指标（VS）度量国际外包，发现国际外包对于法国制造业非熟练劳动力就业份额的相对下降起到了显著的作用。Hijzen 等（2005）使用进口中间投入品所占行业份额，发现国际外包对英国制造业非熟练工人的需求具有较强的负效应。Hijzen（2007）使用不同相对范围的两种国际外包度量指标，得出 1993—1998 年国际外包对英国工资变化影响显著，但起主导作用的是技术进步。

此外，也有研究得出外包作用较小或其他不同的结论。Berman 等（1994）使用进口零部件度量国际外包，通过对成本份额方程进行回归，发现美国制造业的国际外包对熟练工人相对工资占全部工资份额的提高只起到很小的作用，起主要作用的是非熟练劳动节约型技术进步，再次证明这种就业转移是偏向熟练劳动力的技术进步作用的结果。Geishecker（2008）使用进口中间投入品占总产出的份额（IIGO）度量国际外包，发现德国的国际外包在不同的行业对于劳动力市场调整效应不同。国际外包对于整个制造业行业影响不显著，但是在非熟练技术密集行业，导致低技术工人实际工资显著下降，高技术工人实际工资没有显著影响；在熟练技术密集行业，对低技术工人的工资没有明显影响，对高技术工人的实际工资则具有显著正效应。

（2）企业层面。由于使用行业数据无法区分外包导致的资源重新配置（劳动力就业的转移或净损失）是发生在企业内部还是企业之间，一些学者从企业层面给予了数据支持。Head（2002）研究发现，只有当日本企业在低工资国家子公司外包时，其母公司就业的熟练劳动密集度才能得到提高。Gorg 通过建立动态就业方程，发现短期内国际外包会显著降低爱尔兰电子企业的劳动需求。还有一些学者使用个体工人数据研究国际外包的劳动力市场效应，以克服潜在的内生问题并减少行业层面研究关于熟练和非熟练劳动的粗糙分类可能带来的研究误差。Geishecker 研究发现，国际外包每增加 1 个百分点，最不熟练工人的工资下降 1.5 个百分点，而高度熟练工人的工资则上升 2.6 个百分点。Kletzer（2000）首次使用工人流动研究框架来分析外包对就业变化的短期影响，发现外包导致了美国净就业损失。Egger（2003）研究了包括进出口、外包和技术进步等因素对奥地利工人工作转换的影响。他发现外包降低了工人流向一国拥有比较劣势行业的可能性，而对拥有比较优势行业净就业影响不变，从而导致该国净失业增加。

此外，理论证实，国际外包会从劳动力流动以及投入—产出两个渠道对其他行业的就业和工资产生溢出效应。如果在研究国际外包对劳动力市场的影响时并没有考虑到可能的行业间溢出效应，可以预期国际外包对劳动力市场的影响将进一步扩大。Egger（2005）使用空间计量技术，对 20 世纪 90 年代奥地利的 21 个行业进行回归，发现外包导致的部门间联系主要通过投入—产出联系的商品交易实现的，而不是通过本国劳动力流动实现的，行业间相互影响导致了外包行业特定变量变化产生放大效应。并且在外包的就业影响效应中，间接溢出效应占到了总效应的 2/3。因此，忽视溢出效应将导致外包对劳动力市场效应的严重低估。

（二）对发展中国家的影响

最初关于国际外包劳动力市场效应的研究主要集中于发达国家。在理论研究方面，Feenstra（1997）指出，对于发展中国家来说，其承接的生产环节主要是相对熟练劳动密集型，因此，其国内熟练劳动的相对工资会有所上升。但是，这个结论只适用于发达国家对发展中国家外包的类型。Amdt 在 H－O 模型中同时考察了国际外包对发达国家和发展中国家要素价格的影响，其结论是两个国家的要素相对价格朝同方向移动。但是由于他假设外包只发生在其中一个部门，因此其结论的获得可能严重依赖于特定模型的选择，国际外包对发展中国家相对工资的影响作用也可能是相反的（Kohler，2003）。

在外包影响发展中国家劳动力市场的经验分析方面，Feenstra（1997）研究了 20 世纪 80 年代美国跨国公司通过外包活动在美墨边境 Maquiladoras 组装工厂对墨西哥相对工资的影响。研究发现，外国投资自由化和国际外包导致墨西哥熟练工人的相对工资上升。在 1985—1988 年，外包带来的 FDI 增长可以解释在美墨边境墨西哥熟练工人相对工资份额增长 50%。Egger（2002）以中东欧 7 国为研究对象，发现这些国家对欧盟的中间品出口导致了国内实际工资的下降，而中间品进口则导致实际工资的增加。

在国内研究中，学者们从两个角度对外包的就业效应进行了考察。

1. 就业规模

一些学者对中国外包对就业规模的影响进行研究。刘玉和孙文远（2010）研究得出，由于在参与产品内国际分工的过程中，会增加对包括劳动要素在内的生产要素投入的需求，因而，导致就业量增长。还有学者进一步研究了不同类型外包的就业规模效应。杨文芳和方齐云（2010）研究表明，外包总体上有利于中国就业量增长，但是，这种作用存在较大的行业差异。主要表现为，劳动密集型、技术密集型和出口导向型行业参与产品内国际生产会产生正面的就业效应，而资本密集型和进口替代型行业则相反。陈仲常和马红旗（2010）分别测算中国制造业总体、低技术和高技术外包水平，并且这几种外包都对就业具有抑制作用。同时，虽然低技术外包和高技术外包水平相当，但前者的就业效应是后者的两倍。王俊和黄先海（2011）研究发现，外包总体上促进了中国制造业就业增长，对高技术产业影响程度最大，其次是中等技术行业，最后是低技术行业。王云飞（2013）研究得出，从事加工贸易出口与进口均不能显著增加就业，劳动密集型和资本密集型行业的加工贸易就业效应相对技术密集型行业较为显著。

2. 就业结构

现有研究普遍认为，中国承接制造外包对中国就业结构产生了一定的影响，但是不同类型制造外包的这种影响不同。其中，孙辉煌（2007）通过建立跨国外包对承接国劳动者收入分配的影响机制，认为外国特别是发达国家在对外转移中间投入品生产时，将增加对承接国熟练劳动者的相对需求，与之类似，王中华和梁俊伟（2008）同样在研究国际垂直专业化的收入差距效应时，认为中国承接发达国家垂直专业化生产环节所带来的技术密集度的提高增加了对熟练劳动力的需求，进而提升熟练劳动力的相对工资。王俊和黄先海（2011）运用中国1996—2008年28个制造业面板数据检验了参与跨国外包对中国制造业就业结构的影响。研究发现，制造外包不能显著地提升中国制造业的就业结构。张桂梅和张平（2012）认为发展中国家参与价值链分工对国内就业的影响是双向的，一方面会增加就业机会，优化就业结构，提升就业质量；另一方面会产生就业挤出效应，而且就业增加效应具有不可持续性。

　　也有学者细分了中国承接的制造外包类型，分别研究了不同类型制造外包的就业结构效应，并进行了对比。如唐宜红和马风涛（2009）认为，国际垂直专业化对参与国的劳动力就业结构产生了重要影响。具体来说，国际垂直专业化促进了中国工业部门非熟练劳动力的相对就业，降低了熟练劳动力的相对就业，并且不同类型工业部门参与国际垂直专业化对劳动力就业结构存在差异化影响。臧旭恒和赵明亮（2011）研究了中国参与垂直专业化分工与国内就业结构的关系。总体上参与垂直化分工会增加中国非熟练劳动力的相对就业，这种情况在中低技术行业表现得尤为突出，然而，高技术行业参与垂直专业化分工相反会增加熟练劳动力的相对就业。李小彤（2012）认为，国际分工对中国不同群体的就业质量与中国在国际分工中的地位有关。其中，产品设计、原料采购、批发经营、终端零售等环节发展不完善导致大学生就业难；加工制造环节虽然给农民工创造了大量就业机会，但随着国内劳动力成本的上升和国际分工市场竞争的日益激烈，这种就业创造作用正在压缩。林文凤（2013）研究了不同类型产品内国际分工的就业结构效应。总体上来说产品内国际分工会促进低技术和高技术劳动力的相对就业，对中等技术水平劳动力的作用则相反。一般产品分工与高技术产品相比，后者对低、高技术劳动力的就业促进作用更大。李强（2014）利用中国的企业数据研究企业嵌入全球价值链与就业之间的关系，研究发现，企业嵌入全球价值链能够显著增强企业吸纳就业的能力，尤其是能够增加对女性劳动力的需求，但是"贸易型"嵌入全球价值链与"产业型"潜入全球价值链相对，后者会显著增加对高技能劳动力的需求，而前者的作用则不显著。

五　国际外包对劳动生产率的影响

（一）对发达国家的影响

1. 理论研究

Amiti（2005）认为，外包可能通过以下四种途径影响企业劳动生产率：第一，静态的效率收益。企业选择自身生产效率较低的生产环节外包会提高企业平均生产率。第二，改组调整效应。如果外包能使企业技术前沿外移，则企业工人生产会更具有效率，这种效应更容易发生在计算机和信息服务外包等中间服务外包过程。第三，学习的外部性。通过进口中间产品和服务，企业能够获取改进生产的方法，使企业获得效率收益。第四，多样化效应。通过外包，企业可以使用新的不同种类的中间投入品或服务，从而提高企业生产率。

此外，Gorg 等（2008）认为，国际外包对生产率的影响存在三种不同的时间效应：首先，在短期内，发包企业可以以低于国内价格进口同质量或更高质量的中间投入品，从而直接提高企业生产率，使企业生产函数外移；其次，在中长期，国际外包可以变化企业要素份额，提高生产效率，如发达国家企业通过将非熟练劳动密集的生产环节外包给发展中国家，自己则专业化生产熟练技术密集的生产环节，假设熟练技术边际产出更高，工资率也更高，则这种要素的重新配置使发达国家企业平均劳动生产率获得提高；最后，在更长的时期内，还会出现与企业外包活动相关的一般均衡效应，即国际外包会改变国内生产中对生产要素的相对需求，从而影响整个经济中要素的相对价格。

2. 经验研究

有关国际外包影响生产率的经验文献相对较少。Egger 和 Egger（2006）使用欧盟成员国的总体数据，发现实物中间投入品国际外包使欧盟短期内非熟练劳动的生产率下降，而在长期内其生产率提高。其原因在于短期内劳动力市场具有刚性，而长期内劳动力的自由流动导致预期劳动生产率提升的结果出现。Gorg 等（2008）将爱尔兰制造企业分为一般企业、出口企业及跨国公司子公司，他们研究发现，国际外包仅使跨国公司子公司和本国出口企业劳动生产率得到提升。其中实物中间投入和服务外包能够促进外资企业生产率的提高，而本国出口企业生产率的提升只能由实物中间投入品的外包带动。Grossman（2005）认为，通过外包，跨国公司和本国出口企业接触外国供应商机会增多，因此搜寻外国供应商的成本更低。此外，跨国公司和本国出口企业一般比本国企业产能和规模更大，并且熟练劳动更加密集，因此也可以从外包中获益更多。

（二）对发展中国家的影响

在发展中国家参与外包的生产率效应方面，Femandes 等（2003）使用企业数据分别研究了哥伦比亚和印度尼西亚进口中间品关税减让对生产率的影响等。国内研究中，胡昭玲（2007）采用中国 20 个主要工业行业 1992 年、1997 年、2000 年三年数据就产品内国际分工对生产率的影响进行了分析。结论表明产品内国际分工对生产率的影响程度与行业特性密切相关，在中国工业各行业中，资本密集型行业与出口密集度高的行业表现出相对更快地参与到产品内国际分工中去的趋势，在这些行业产品内国际分工对生产率的积极影响也更大。徐毅（2008）分析了中国 35 个工业行业外包对全员劳动生产率和就业的影响，发现外包通过产生资本节约型、技术进步提高了企业的劳动生产率。同时，由于规模效应抵消了替代效应，外包并没有对就业产生负面影响，因此认为外包可以提高中国的劳动生产率。任志成（2008）认为，国际外包对承包国的就业效应主要表现在其促进就业扩张和劳动者薪酬提高，并且加速了劳动力的技术升级。

第二节　企业升级研究

一　企业竞争力

20世纪80年代后期以来，学术界从企业竞争优势和竞争能力角度，开始对企业升级进行了相对系统的研究。Wernerfelt（1989）提出了企业竞争优势资源观，认为企业是由一系列异质性资源组成的集合，企业内部所拥有的资源和能力最终决定企业的竞争优势和绩效。根据关注的重点不同，资源观对企业升级的研究主要集中在两个方向：关注核心竞争力的研究和关注动态能力的研究。前者认为核心竞争力是企业所具有的能够为最终消费者提供所需价值的并且难以被其他企业模仿的能力，企业升级的动力来源于竞争优势强化背景下企业不断创新和累积成长的能力（Hamel，1994）。后者则强调企业竞争优势的根本源泉不是外部环境，而是建立在企业内部资源基础上的，企业升级不能通过控制市场来获得，而是企业通过技能的获取、知识和诀窍的管理和学习，从而提高和发展自己的动态能力来获取（Nelson，1982，1991；Teece，1997）。资源观理论强调企业竞争优势主要来源于企业内部，因而也被称为企业竞争优势内生论。虽然资源观为企业升级提供了很好的研究思路，但由于该理论局限于企业间资源不能流动的假设，并且没有考虑规模经济因素的影响，这与实际情况具有较大的差异。

Porter（1985）基于五种竞争力量的企业竞争战略理论，提出企业竞争优势主要来源于企业外部，由外部市场中的竞争关系和市场结构决定，因而被认为是企业竞争优势外生论。但Porter的分析模式过分强调外部环境对竞争优势的影响，忽视了企业内部的特质因素和企业内部发展的主观能动性。

此外，企业竞争力的源泉来自持续不断的创新和企业技术能力的成长。Desai（1984）首先从企业的角度来概括技术能力，认为企业技术能力包括从技术购买、使用、模仿到创新四个层次。Lundvall（1998）认为，通过"用中学""干中学""交叉中学习"等方式，使企业具备根据环境变化不断调整自己行为的能力，同时也保证了创新的传播、交换和技术的不断更新。

在国内研究中，路风（2006）强调企业只有具有较强的技术创新能力，才能不断地开发出市场所需要的、具有较高技术附加值的新产品。在企业自身技术能力的基础上通过企业学习与积累，并通过自主创新提高技术进步的系统支持，才能最终达到升级的目的。而开发出的新产品进一步通过企业的其他经营活动占领市场，提高企业竞争力，实现企业升级（梅述恩，2007）。这些分析主要从企业自身技术能力的提升以及创新活动的开展来探讨企业升级，强调企业的竞争力来自企业的核心技术能力，却忽略了企业的外部联系。如果企业的外部联系薄弱，只有内部联系，企业就会形成锁定效应。在全球竞争日益激烈的今天，仅仅关注企业内部能力的建设不足以保证企业能在全球经济中获取更大的竞争优势。

二　技术进步与企业升级

1. 技术创新与企业升级

技术创新是始于研究开发而终于市场实现的动态过程，是决定企业竞争优势的关键因素（Grossman，1995）。而"升级"是更好地制造产品、提高生产制造效率以及从事更高技能的活动，是通过创新来提升竞争力或者从事附加值更高的活动（Kaplinsky，2001；Humphrey，2002）。吴作宾（2008）也指出，企业升级的核心是技术创新，即通过新产品发明和工业设计来实现产品或服务差异化。因此，企业的升级过程实质上是企业创新能力不断提升的过程（毛蕴诗，2009）。包玉泽等（2009）则认为"升级"与"创新"实际上是因果关系，升级是创新的结果，并且升级既可能是各种形式创新的结果，也可能是生产成本降低所致。

Walters（2007）研究得出，通过全球价值链下合作创新，企业提高其在资源利用、实现效益方面的效率。从全球价值链企业升级角度来看，决定企业升级的技术创新往往是建立在技术改进或技术突破的基础之上，创新方式包括过程创新、产品创新、功能创新和内部链节创新等。许多研究结果都强调通过参与全球价值链购买或合作引进国外先进技术和管理方式对于提高中国企业创新能力、增强企业竞争力的积极作用（胡永铿，2009）。然而，也有研究表明，部分企业创新并没有取得预期的效果，反而使中国企业陷入了低端"锁定效应"和引进技术"依赖效应"，以及企业自主创新及国际竞争力的提升受到严重束缚的困境。同时，虽然通过集群形式嵌入全球价值链是当前中国企业参与国际分工的重要方式，然而，表面意义的企业集聚影响了集群的升级，集群内企业创新所带来的"溢出"面临其他企业"搭便车"的"囚徒困境"，只有通过"群"层次构建以提升群内企业组织化程度为基础的市场势力才能发挥集群内的"溢出效应"，化解企业集群创新和升级动力不足的障碍（张小蒂，2007）。

2. 知识转移/技术溢出与企业升级

Macdougall（1960）最早在研究 FDI 外部性时就提出跨国公司的溢出效应对东道国企业全要素生产率具有影响。Elkan（1996）在技术追赶理论中也认为价值链中的发展中国家企业可以通过模仿和干中学来积累技术和人力资本，从而实现技术追赶，提高创新能力。Lane（1998）认为，跨国公司与其非股权经营合作伙伴之间的社会资本是影响知识溢出效应的重要因素。跨国公司不仅通过产品质量、交货时间等方面的明确要求，还通过对工艺流程、质量控制等方面向其非股权合作伙伴提供技术支持与信息服务，促进知识技术溢出（Pack，2001）。经验研究也表明，跨国公司国际生产体系内的知识溢出对当地企业的技术创新活动产生了重要影响（Cassiman，2002；Hobday，2005）。Jensen 等（2007）认为，全球价值链中外包企业通过向跨国公司学习的干中学、用中学和互动中学等模式，帮助东道国企业实现沿全球价值链的持续升级。

　　在国内研究中，高春亮等（2008）基于社会网络理论，比较了FDI 为主要形式的内部外包与专业化外包两种不同模式在获取跨国公司知识溢出、实现企业技术进步方面的差异，认为专业化外包由于与跨国公司及产业内其他企业之间关联较弱，结构同效低，因而更有利于知识扩散和获取，从而得出内部化外包向专业化外包模式更有利于中国制造业升级的结论。王生辉（2009）根据知识的类型和跨国公司转移的意愿将全球价值链上的知识转移机制划分为一个 2×2 分类矩阵。并指出，知识转移是由领导企业来推动而非自发形成的，跨国公司对知识转移的意愿很大程度上决定了知识转移及外包企业升级的效果。通过知识转移发展中国家企业通常能较好地进行流程升级和产品升级，然而要想实现功能升级和链升级则必须通过构建、强化市场势力，提升自主创新的动力和能力。陶峰（2011b）基于珠江三角洲地区外包制造业的调查数据，探讨了跨国公司全球外包体系内组织间社会资本对外包企业知识溢出获取及技术创新的影响过程和机制，并对全球价值链知识溢出对中国制造业开放式创新及企业升级的影响进行了研究。

第三节　外包企业升级研究

　　目前，在针对外包企业升级的研究中，以全球价值链理论作为主要理论基础，主要从以下视角展开相关研究。

一　外包企业升级的动力机制

　　Gereffi（1994，1999）最先研究了在购买者或生产者推动下的全球价值链各个环节在空间上的分离、重组和正常运行机制。联合国工业发展组织（UNIDO，2002）在工业发展报告《通过创新和学习来参与竞争》（*Competing Through Innovation and Learning*）提到，全球价值链的扩散功能为发展中国家企业获得市场进入和先进技术提供了机会和前景。这些企业首先应融入更广泛的系统中，并有步骤地采取行动，使企业治理达到世界水准。在此基础上通过有意识的创新和学习获得必要的技术能力。一旦进入全球价值链，由供应联系所引发的学习效应就会出现。这种机制为发展中国家企业进入全球价值链以改善其技术能力，实现价值链升级提供了必要准备。

张辉（2005）进一步基于 Gereffi 的研究，提出在实际经济活动中有许多产业链条同时具备购买者驱动和生产者驱动的特征，并从理论上归纳出中间型全球价值链驱动模式。黄永明等（2006）认为，通过与全球价值链中的主导企业建立合作关系，利用价值链治理产生的信息流动、知识溢出和动态学习效应，通过与跨国公司或集群内部企业建立合作创新，并进行技术引进、消化吸收来提高企业的自主创新能力，实现企业升级。俞荣建（2010a）基于共同演化范式，分析了多层次嵌入情境、初始条件、演化机理以及 GVC "升级"或"伪升级"演化结果。认为外包能力的专有性是企业升级演化的主要动力，其处于主导的条件下，适度关系专用性投资有助于企业升级，而当外包能力处于专用性主导时，关系专用性投资将使外包企业陷入"伪升级"。

二 外包企业升级模式及路径选择

（一）国外研究

20 世纪 90 年代后期，企业升级被引入全球价值链理论的框架体系内。Gereffi（1999，2005，2010）通过对东亚地区服装产业链的研究，提出发达国家主导企业能够帮助和促进发展中国家企业实现全球价值链上 "OEM→ODM→OBM" 的升级过程。在此基础上，Humphrey（2000，2002）从技术和市场能力角度将发展中国家集群中企业升级分为从低到高的四种模式：工艺流程升级（process upgrading）、产品升级（product upgrading）、功能升级（functional upgrading）、链升级/跨产业升级（intersectoral upgrading）等（见表 2-1）。这种渐进的升级过程实质上体现了企业从劳动密集型价值环节转向资本和技术密集型价值环节的资本演化过程，即要素禀赋的比较优势的变化过程。Frederick（2011）分析了纺织品配额结束后新兴经济体服装出口企业升级的路径以及与之相应的供应链合并和重组方式。此外，企业的升级轨迹不是单一的，而是多样化的。当技术出现突破性创新时，升级轨迹可能突破常规方式。

表 2 - 1　　　　　　　全球价值链上发展中国家企业升级模式

升级模式	实 践 形 式
工艺流程升级	通过整合生产系统或采用更先进的技术改进生产工艺流程，提高投入产出比率和生产效率，从而保持和强化对竞争对手的竞争优势。如传统制造业中计算机技术的使用
产品升级	使用更为先进的生产设备，比竞争对手更快速地推出新产品或对现有产品进行改良，从而增加产品的附加值。具体体现为从低附加值的低层次简单产品转向同一产业中高附加值的更为复杂、精细的产品。如从衬衫到西服的升级。通常把从委托加工到贴牌生产到自有品牌创造的转换看作是功能升级的基本路径
功能升级	重新组合价值链中的环节，通过获得新的功能或放弃已有的功能，提高经济活动的技术含量和附加值，从低附加值价值环节转向高附加值价值环节的生产，更多地把握战略性价值环节。例如从制造环节到营销、设计等价值环节攀升，改变企业自身在价值链中所处的位置
链升级/跨产业升级	企业将其在特定价值环节获取的竞争优势和能力应用到另一个新的产业，或嵌入新的、更加有利可图的相关产业的全球价值链。如从收音机生产到计算机生产，或从自行车生产到摩托车或再到汽车全球价值链的转变

（二）国内研究

从国内研究看，企业在同一价值链或不同链条之间的升级路径主要从以下几个方面展开：

1. 沿 "OEM→ODM→OBM" 升级的路径

潘悦（2002）认为，发展中国家企业在全球化产业中升级路径具体表现为最终产品加工→组装生产和出口→零部件分包生产和出口→中间产品的生产和出口→国外品牌产品生产和出口这一渐进过程。杨桂菊（2010）通过比较捷安特、格兰仕和万向集团不同阶段的升级路径，得出企业突破 OEM、从 ODM 到 OBM 和从 OBM 到 IBM 的有效升级途径。江心英（2009）研究了不同全球价值链类型下中国外包企业的升级路径，指出生产者驱动型价值链的外包企业在初期应通过成本控制和低价营销，并与领导企业建立合作关系、提高供货效率、技术创新实现升级；而消费者驱动型价值链外包企业应适时由制造商转变为中间商，沿"OEM→ODM→OBM"的路径逐步升级。毛蕴诗等（2009a）通过案例对比研究，也得出"OEM→ODM→OBM"转型升级的演进路径；汪建成等（2008）通过对格兰仕进行案例分析研究了格兰仕在技术成熟期进入，通过在对成熟技术的引进、消化和吸收的基础上进行自主创新，选择 OEM、ODM 与 OBM 并存的模式，对已有的技术进行升级、改造、集成以形成新的技术范式从而实现企业升级。毛蕴诗等（2009）指出，企业升级有多种组合：传统的"OEM→ODM→OBM"、做大 OEM，实行 OEM 多元化，包括技术路线"OEM→ODM 和 OEM→ODM"品牌路线，以及多种方式混合。戴勇（2009）提出实施 OEM、ODM 及 OBM 动态组合，从单纯组装到模块化，从制造外包向服务外包的外生型集群企业升级模式。

2. 工艺流程升级、产品升级、功能升级和链升级

唐海燕（2006）从产品升级、过程升级、功能升级三个层面研究了温州打火机企业的升级路径；毛蕴诗（2009b，2012）总结了5种基于产品升级导向的自主创新路径：替代跨国公司产品的产品升级、利用行业边界模糊的产品升级、适应国际产业转移的产品升级、针对行业标准变化的产品升级以及通过加快模仿创新的产品升级。单东（2009）以浙江民营企业为案例支持提出了浙江企业升级的路径：强化研发、品牌建设、专一投向、升级到产品链中附加值高的环节。陶锋（2011a）则归纳出全球价值链体系下外包企业向价值链高端攀升、整体过程升级和价值链横向跨越的升级路径。

3. 基于市场能力、技术能力的升级

张雄等（2005）认为，发展中国家供应企业可以通过与采购商

合作，即合作进化升级途径和细分市场升级两种途径来达到企业升级的目的。黄永明等（2006）通过对中国纺织服装企业研究总结出基于市场扩张能力、技术能力以及市场扩张能力和技术能力双向组合的升级模式。梅述恩（2007）基于晋江鞋企业集群升级研究，提出了以技术能力和市场拓展能力为维度的升级路径。

三　全球价值链治理与外包企业升级

Gereffi 认为，全球价值链中参与者的地位与权利不平行，其规则不是通过市场而是由领导企业制定，由此提出了价值链治理的概念和理论，并将价值链分为生产者驱动型和购买者驱动型两种类型（见表 2 - 2）。

表 2 - 2　　　　　　　　　　全球价值链类型及特征

价值链类型	价值链中心	领导者能力	行业特征
生产者驱动型	掌握了核心生产技能的生产企业	掌握了某些技术专利或核心研发能力，是规则标准的制定者	汽车、生物制药、计算机等资本密集型和技术密集型产业
购买者驱动型	大的零售批发商、品牌制造商	拥有强大的销售管道和设计能力，但往往不是产品的生产商	服装、玩具等劳动密集型产业。发展中国家企业大多参与到这一类型价值链中

Humphrey（2000）进一步将全球价值链治理定义为"通过全球价值链公司之间的关系安排和制度机制，实现价值链内不同经济活动和不同环节间的非市场化协调"。结合交易成本、生产网络和企业能力等理论，根据交易复杂程度、识别交易的能力或交易的编码能力以及供应商能力三个全球价值链治理模式的决定因素，总结出全球价值链治理的四种模式：层级型、准层级型、网络型和市场型（Humphrey，2000）。从层级型到市场型治理模式的变换体现出经济行为主体之间协调能力和力量对比失衡性从高到低的转变过程（见表 2 - 3）。从技术能力转移的角度看，全球价值链治理是领导企业

对技术能力和信息进行编码，发展中国家企业则根据领导企业设定
的参数组织生产经营活动。领导企业通过实物流实现价值增值，通
过逆向流动的信息流和知识流来组织整条价值链的价值创造活动，
而信息和知识转移为链上的相关企业获得技术能力和实现升级提供
了机遇（Fromln，2007）。

表 2 - 3   全球价值链治理模式

类型	治理特征
市场型	价值链中的参与方都没有绝对的控制权力，由价格作为主要治理机制。产品的标准化程度比较低，购买方和供应方都没有关键的技术和专利
网络型	价值链中的参与方协调合作而产生的。价值链中的每个环节分别又是其他价值链中的一环，对于每一个环节来说，其存在的价值链没有主次之分，信任是这种模式下主要的治理机制，每个环节之间都有很大的依赖性
准层级	一般发生于企业间的两种关系情况：一是虽然是法律上独立的企业，但实际上决策权要从属于另一个企业的情况；二是在全球价值链中处于支配地位的企业，由它来制定所有的标准和规则
层级型	主要存在于FDI之中，它的上下从属关系要比准层级型大得多，供应商的所有权在购买商手中，购买商拥有绝对的支配权力，价值链中的行政管理部门处于主导地位

此外，针对不同类型价值链治理模式下发展中国家企业升级面
临困难的差异，Humphrey（2000）总结了全球价值链治理模式与发
展中国家企业升级之间的关系：第一，准层级价值链治理模式为发
展中国家企业提供了快速的产品升级和过程升级渠道，但其功能升
级受到阻碍。第二，在市场关系为特征的价值链治理模式中，由于
没有全球购买商在技术、管理与渠道上的支持，发展中国家企业产
品和过程升级相对缓慢，但功能升级没有受到阻碍。从理论上看，
只要具备相对于发达国家企业具有竞争力的技术创新能力、强大国
际市场开发与高投入的营销通道构建能力，发展中国家企业或企业

网络就能够实现工艺升级、产品升级、功能升级或链条升级的任一环节或者完整攀升进程。第三，进入网络型或关系型价值链治理模式，尽管这两种价值链治理模式能提供良好的升级机遇，但由于发展中国家企业能力有限，难以和发达国家购买商和生产商形成相对平行的网络或关系。

国内研究中，程新章（2005）认为全球价值链治理模式和升级之间的关系并不是单向的，随着发展中国家制造商能力的提高，价值链治理模式也随之不断地发生变化。俞荣建（2010a，2010b）针对发展中国家后进企业嵌入全球价值链存在的"伪升级"现象，提出后进企业通过充分利用组织间竞合关系，分工协作、能力互补，共同形成一整套相对完整的自主价值体系，生成价值权力，实现与全球价值链主导企业进行价值及治理权力的制衡与争夺。卓越（2009）研究发现，俘获型与层级型治理模式有助于中国制造企业较快地实现工艺升级和产品升级，但进一步升级的空间较小；均衡网络型治理模式下企业升级速度稍慢，但功能升级和链升级空间较大。包玉泽等（2009）综合分析全球价值链背景下企业升级本质以及不同全球价值链治理模式与企业升级之间的关系，提出 GVC 治理模式是企业升级的外生因素，企业升级所需的长时间技术能力积累是企业升级的内生因素。

四　生命周期与外包企业升级

（一）企业生命周期理论

根据企业生命周期理论，企业具有和生物一样的"生命周期"，会经历从出生、成长、成熟到衰退或蜕变的过程。"企业生命周期"的概念最早由 Mason Haire（1959）提出，在此基础上，Gardner（1965）总结了早期的企业生命周期理论。此后，许多国外学者从企业生命周期的划分、不同阶段的特征及相应的企业管理策略等方面对企业相关问题进行研究。Quinn 和 Cameron（1983）将企业生命周期分为四个阶段，并研究了企业各个阶段的效率评价标准；Miller 等（1984）将企业生命周期分为五个阶段，并对不同阶段企业组织结构、策略、决策制定和内外部环境特征进行了研究；Mintzberg（1984）把企业生命周期分为四个阶段，并分析了不同阶段的企业权力分布；Smith 等（1985）提出并定义了企业最高管理层需要优先考虑的问题，并对这些问题在企业不同生命周期阶段的排列顺序进行了研究。

率先在国内进行企业生命周期研究的是陈佳贵（1995），他将企业生命周期划分为从孕育期到蜕变期的六个阶段，并结合蜕变理论重点研究了蜕变期。还有学者针对不同类型企业的生命周期特征进行了研究，如周慧（2004）、李晓非等（2012）探讨了高新技术企业生命周期各阶段特征；肖文旺（2011）、于瑞卿等（2012）总结了中国民营企业生命周期的典型特征；王士伟（2011）对中小型科技创新企业生命周期特征进行了研究。有关于不同生命周期阶段企业创新行为的研究，如徐操志等（2001）从企业生命周期的角度研究了组织创新行为；吴际等（2011）深入分析了不同企业生命周期阶段组织创新与技术创新协同的不同导向关系；王丽平等（2012）据"企业代"思想，构建了中小企业可持续成长的代际转变机理。有关于不同生命周期阶段企业治理的研究，如刘苹等（2003）从动态的角度研究了企业治理机制与企业生命周期的关系；姚峰等（2004）对企业创业阶段管理的原则和方法进行了研究。朱伟等（2008）着重分析了民营企业生命周期各阶段治理结构的选择。还有基于企业生命周期理论的企业与政府关系研究，如高松等（2012）以上海市 264 家接受政府创新基金资助的科技型中小企业为研究对象，发现受资助后处于不同周期的企业其综合能力都得到了不同程度的提高。

国内外学者主要从企业生命周期的划分、企业治理、企业特征、企业创新行为、企业与政府关系等方面进行了较为深入的研究。但尚存在一定的不足：第一，虽然学术界普遍认为，企业从孕育、成长、成熟、衰退或蜕变的过程，有一个显著的周期存在，但是对企业各段数的划分指标与数量还没有一个统一的标准；第二，针对不同企业类型的研究还不够丰富，还缺乏对于 OEM 企业的相关研究。

（二）外包企业生命周期与升级战略

基于企业生命周期理论，以企业规模、产品复杂程度、技术创新能力三个因素作为参考指标，将外包企业的生命周期划分为初创期、求生存期、高速成长期、成熟期和蜕变期五个阶段。在此基础上，通过构建外包企业生命周期模型，进一步分析各阶段外包企业面临的困境与陷阱，并找出需要重点解决的问题，总结并提出适合相应阶段的升级战略（见图 2 - 1）。

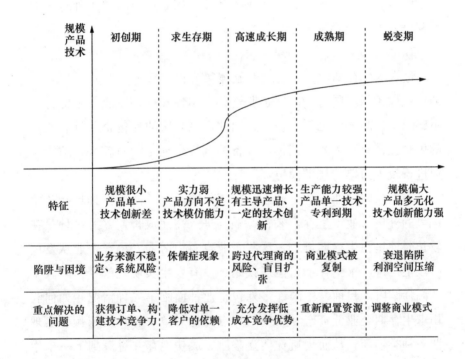

图 2 - 1　外包企业生命周期模型

1. 初创期

处于初创期阶段的外包企业规模普遍较小，在外包产品的选择上往往比较单一，并且产品大多为行业内较成熟的产品，导致企业利润与行业进入门槛较低，这也使外包企业的可替代性很高。同时，处于初创期的外包企业技术创新能力往往也比较有限。然而，相对于其他类型企业而言，低成本优势是该阶段大多数外包企业所具备的比较优势。

由于初创期的外包企业整体实力较弱，主动获取的订单数量很少，往往面临业务来源不稳定的困境。因此，利用低成本优势通过多种途径与手段获得国际外包订单，摆脱当前困境，拓展嵌入全球价值链的渠道，对初创期的外包企业来说至关重要。尽管外包企业的规模相对较小，但是在发挥自身比较优势的同时，通过提升企业技术学习能力，逐步构建除低成本之外的核心竞争力对于外包企业顺利进入下一个阶段十分必要。

2. 求生存期

进入求生存期后，外包企业整体实力仍然较弱，对其主要客户的依赖性较强。同时，由于企业资产专用性较低，专业外包能力还不够强，产品方向也不很稳定，因此，该阶段的外包企业具有较强的可塑性，对于主要工艺技术设备的选择余地也相对较大，适于企业进行较为简单的技术模仿。

求生存期的外包企业普遍存在两种情况：一种是在其具有竞争优势的外包行业中生存下来，并顺利进入高速成长期；另一种是在较长时期里在生存期徘徊，这些企业竞争力薄弱，尽管企业从发展阶段上已进入求生存期，但规模始终没有发生实质性改变，陷入了侏儒症陷阱。目前，中国许多外包企业都面临第二种情况。如何利用求生存期企业低资产专用性的特点降低对单一客户的依赖，实现业务种类创新，从而规避侏儒症陷阱，成功生存并过渡到下一个生命周期阶段，是处于求生存期的外包企业亟待解决的问题。

3. 高速成长期

这一时期，外包企业人员与设备快速增长，企业规模逐渐增大。同时，此阶段大多外包企业形成了自己的主导产品，订单数量逐步增多，而且在技术模仿能力上具备了一定的技术创新能力。

在求生存期，外包企业大多为单厂企业，随着高速成长期的到来，人员与设备快速增长，单厂企业发展到一定规模，如果进一步扩大生产规模，可能会导致规模效益递减，促进成本上升。因此，企业往往在考虑人工成本、土地成本等多方面因素后选择建立新厂。同时，企业也可以从降低中间代理费降低成本。然而，这两种降低成本的途径分别存在盲目扩张的风险与得罪中间代理商的风险。因此，如何从人工费用、土地费用、中间代理费用等方面进一步降低成本，使高速成长期的外包企业维持和充分发挥低成本的竞争优势，同时规避盲目扩张或得罪中间代理商的风险，是处于高速成长期的外包企业需要解决的重点问题。

4. 成熟期

成熟期的外包企业生产能力由小批量转为大批量，形成了较强的主营产品的生产能力，但是由于技术垄断利润逐渐丧失，产品技术呈现同质化，产品进入标准化生产时期。

随着外包企业进入成熟期，外包企业往往专注于强化自身在某一产业链的专业外包能力。然而，容易导致的后果是企业专业外包能力和资产专用性强化，企业产品单一性增强，抗风险能力减弱。同时，这种商业模式容易受到竞争对手的模仿，面临被竞争对手替代的风险。如何通过对现有企业资源进行重新配置，实现商业模式创新，保持企业的竞争力，是成熟期的外包企业面临的重点问题。

5. 蜕变期

一些企业经过成熟期，开始进入蜕变期。在这个阶段，外包企业已经具备了较强的整体实力，产品种类大多呈现多元化状态，在技术创新能力上有了一定程度的积累。然而，这一阶段的外包企业普遍存在规模偏大，管理成本上升，外包利润上升空间面临"瓶颈"的现象。

对于这一阶段的外包企业来说，单纯依靠外包模式已经很难维系企业的持续发展。如果不能成功实现升级和转型，企业生命周期面临走向衰退的陷阱。如何依据内外部环境的变化对企业外包模式进行调整，保证自身与环境的适应性，延长企业生命周期，摆脱自然衰退的陷阱，是处于蜕变期的外包企业面临的生存难题。

总的来讲，在国外有关外包企业升级的文献中，研究大多基于集群/产业视角，并且缺乏足够丰富的经验研究。国内研究在实证方面取得了较多的研究成果，但仍在以下方面存在局限：

（1）研究内容大多集中在对于外包企业升级路径的研究上，对升级机制的研究不够系统和深入。同时，缺乏从跨国公司与中国外包企业之间关联视角进行研究。

（2）由于当前世界各国普遍缺乏外包的统计数据，对于其测算方法也不一致。因此，不同统计方法和数据下所得出的结论也明显不同，缺乏将不同统计数据及方法结合起来的相关研究。

（3）现有文章对于外包企业升级路径的研究主要围绕"OEM→ODM→OBM"模式。当前，随着中国外包企业的快速发展，其技术水平有了较大提升，越来越多的企业逐步摆脱最初 OEM 的外包模式，而向技术含量更高的外包模式发展。然而，相关研究仍显不足。

第三章　国际外包体系与中国外包企业发展

本章首先从国际贸易成本、电子技术进步以及国际贸易自由化趋势的角度分析了"二战"以来国际外包体系发展的动因；其次，对当代国际外包体系下国际分工与交易的特征、参与企业的组织特征以及外包过程中知识溢出及学习过程进行了介绍；最后，分析改革开放以来凭借劳动力成本优势和资源优势，中国制造企业参与国际分工的发展现状，以及中国外包企业的不同历史发展阶段。

第一节　国际外包体系发展动因

20 世纪 80 年代以来，国际分工体系进一步发展和深化，导致产品生产的边际成本下降，产品生产的边际收益不断上升，从而推动国际外包体系快速发展（卢锋，2004），其主要原因有国际贸易成本下降、电子技术进步及国际贸易自由化等。

一　国际贸易成本下降

（一）国际运输成本下降

从国际贸易的发展历程看，新型运输工具出现导致运输成本的不断下降是促使国际分工不断深化，并且推动经济全球化发展的最重要原因之一。近代最具有里程碑意义和代表性的就是蒸汽轮船替代传统帆船带来远洋运输成本大幅度降低。此外，以火车为代表的国内运输工具革命带来国内市场整合程度上升也是重要原因之一。运输成本降低对当代国际外包体系和经济全球化的影响主要表现在以下几个方面。

1. 远洋运输成本下降

"二战"以来，随着远洋运输技术进一步完善，主要表现为远洋货轮船体规模增加、使用更好的外体涂料及其相联系的维护成本降低、监控货物和机器的电子设备、监视器、遥远显示器、复杂的航海设备的使用，以及大宗货物海运业务专业化等，使国际远洋货物运输尤其是大宗货物运输费用大幅下降。

除了运价降低，当代海洋运输效率提高还表现为运输速度加快和时间节省。尤其是集装箱的发明和推广取代了传统的"散货运输方式"。研究表明，1976年由于集装箱运输的普及使码头每工时装卸的货物提高了上千倍，轮船滞留码头的时间也大大缩短。与此同时，远洋运输的载重量也大幅提升。

2. 航空运输成本下降

航空运输成本下降，为国际生产分工和贸易提供了新的运输手段；与海运比较，虽然单位运价较高，但是航空运输非常快捷。同时，"二战"以来，与远洋运输成本下降相比，航空运输成本下降幅度更大。从20世纪50年代中期到90年代中期，每吨千米航空运输价格约下降了90%（Hummels，1999）。由于成本大幅下降和时间节省优势，过去几十年航空运输已成为国际贸易的重要手段之一。

由于航空运输主要适用于对时间敏感、单位重量价值较大的运输对象，也就是"时间差"对"价格差"具有较高替代率的货物：一类是折旧率较高的物品，如鲜活动物、植物产品等以及包含高度时效性的信息产品；另一类是衔接不同工序间国际分工所发生的零部件和中间产品，这些产品往往对交货要求时间较高：厂商为保证生产运行稳定性，需要用库存来应对生产过程中可能发生的扰动。由于较快运输可能较多节省库存成本，这类零部件和中间产品运输的"时间差"对"价格差"具有较高替代率，因而给定航空与其他运输手段运价运时差异，更有可能采用航空运输。

（二）国际通信成本下降

当代信息革命促使信息成本大幅度降低，不仅是当代经济全球化的表现，也是促进现代国际分工不断深化的重要推动因素。尤其是在 20 世纪 80 年代，依托数字化通信原理，借助光纤、卫星、计算机普及及网络化等一系列技术和经济进步的作用下，互联网、移动电话等新通信手段出现标志着当代信息革命的出现，并创造了通信领域中距离远近对通信成本影响趋于消失的全新局面，从而极大地推动了国际分工和经济全球化进程。第一，互联网通过计算机强大的信息处理和储存能力与电话网络连接能力将世界各地连接起来，为人们提供了传统通信手段不具备的功能或成本远为低廉的通信服务；第二，以移动电话为代表的无线通信异军突起，全世界固定电话用户中移动电话拥有者比例快速上升。

二　电子行业技术进步的影响

除国际运输和通信方面技术进步和产业结构变迁促进了国际分工体系的不断深化以外，电子行业的技术进步以及相关产业的发展，也对国际外包体系下的产品内分工产生积极的推动作用。

1. 电子行业对国际贸易的影响

由于很多电子产品生产过程不同加工区段在要素投入品比例上存在较大差异，并且电子零部件和中间产品单位价值运输成本较低，因而特别有利于采用产品内分工生产方式，从而给国际外包扩展提供了适当的对象。电子行业成长促使国际外包边际收益提高，从而使国际外包整体密集程度上升。

同时，近年来电子类产品国际贸易快速增长，也说明了电子产品特别适于采用国际外包的生产方式。根据 UNCTAD（2002）一项研究表明，20 世纪 80 年代到 90 年代末，在 225 个国际贸易标准分类（SITC）三位数产品中出口增长最快的 20 类"世界贸易中最活跃产品"中，前三名都属于电子产品，分别是晶体管和半导体、计算机、计算机和办公设备零件。

2. 电子行业通过对其他行业进行电子化改造

新的产品内分工机会进一步推动了国际外包体系的发展。以汽车线束系统为例，汽车业在 20 世纪初出现后，主要有电路照明和电力发动两条线路系统，50 年代引入空调系统，到 70 年前期汽车内部共有三条线束系统，这一时期汽车线束系统品种数量少而生命周期长。然而，这一局面随着电子技术进步和普及发生了实质性变化。随着半导体和集成电路生产技术的不断成熟，电子部件迅速在汽车产品内推广利用，汽车内线束系统产品种类数量大增并且生命周期缩短，这些演变极大地促进了汽车的产品内分工。一些曾经作为线束系统的供应企业则开始从集中生产向空间分散化方向发展和变化，按照"把劳动密集型工序向外转移，把资本密集型工序留在本国"的原则进行了全球战略重新分工。

此外，材料领域的技术和产业进步，也对国际外包体系的发展起到推动作用。从 20 世纪 80 年代中期开始，许多制成品部件从冶金材料被塑料替代，对工程能力要求较高的精密机械工程在生产中的重要性有所下降，从而为很多原先复杂的生产工序向国外转移提供了可能性或便利条件，而塑料部件运输成本比冶金部件显著降低，也有利于采用国际外包方式进行生产。

三 国际上的贸易自由化改革

在跨国交易成本中，各国设置的对外贸易壁垒对产品内分工起到了很大的约束作用。过去几十年间，通过不同途径推进的贸易自由化改革，从制度变迁和政策调整方面降低了产品内分工交易成本，成为促进国际外包体系发展的主要根源之一。

1. 多边贸易自由化

作为多边贸易组织，GATT/WTO 是战后推动世界贸易自由化进程的最重要制度构架。GATT/WTO 通过七个回合多边贸易谈判，使发达国家的制成品的平均关税水平从 40% 左右下降到目前的 3%—4%，大大降低了产品内分工跨境交易成本，推进了全球贸易自由化进程。由于降低非关税贸易的贸易便利化措施能够显著降低分工贸易占用时间和其他稀缺资源的交易成本，因而对产品内分工尤其具有重要意义。由于贸易便利化是以设计具有逻辑一致性、透明性和可预见性的国际经济交往环境为目标，包括建立国际公认和接受的海关程序、协调一致的贸易和运输法规等，以加快货物和信息跨越边界流动，并且给降低跨境经济活动交易成本上带来相当大潜在利益。

2. 区域贸易自由化

当代贸易自由化进程另一个重要特点是自由贸易区（FTA）等区域经济组织活跃发展。据 WTO 统计，20 世纪 90 年代的十年间全球新增自由贸易区数目超过 100 个，实际上，现有的自由贸易区绝大部分是在 20 世纪 90 年代以后出现的（Lu Feng, 2003）。由于自由贸易区大多包含成员国之间降低关税等方面的制度安排，因而有助于区域内部分工和贸易发展。尽管理论研究得出自由贸易区的设立同时具有贸易创造和贸易转移效应，但主流理论认为其贸易创造效果大于转移效果（Krugman, 1991），并且贸易转移效应也可能对福利存在提升效果，因而区域经济一体化形式总体上可能有利于全球经济一体化进程。

同时，区域自由化安排往往是在多边贸易自由化推进的背景下，一些发展中国家在政策演变"锁定"到市场化改革路线之后，希望通过进一步自由化吸引外资；另外，对某些经济自由化合作难题，在较小区域范围内有可能通过 FTA 率先突破，从而反转对多边贸易自由化谈判提供推动力。虽然区域与多边贸易安排有可能存在竞争性，然而，从过去几十年 GATT/WTO 与 FTA 实际发展情况看，两类贸易自由化安排积极互动关系大于竞争关系，区域主义安排在降低跨国经济活动交易成本和推动国际分工贸易上发挥了积极作用。

四　各国的贸易政策

1. 发达国家鼓励加工贸易政策

美国 1963 年开始实行通过特殊免税措施来鼓励某些生产工序分散到其他国家进行。这一政策的关键内容，是对在国外全部或部分利用美国出口部件和某些中间产品组装的产品，在经过国外加工环节返回美国时，可以享受减免关税待遇。这是发达国家较早实行的鼓励加工贸易政策之一，并促进了美国企业把它们产品的组装工序转移到邻国进行。类似政策在欧盟称为"外向加工贸易"（OPT），又称为"外向加工流通"或"外向加工救助安排"。另外三类较大OPT 项目为运输设备、电子元件和计算机。这类政策有可能发展为更普遍的区域贸易自由化安排。另外，发达国家还实行了一些"非双向对应性的优惠项目"，如欧盟的"加勒比盆地项目""军火以外无所不包项目"，美国的"非洲增长和机会法案"项目。这些政策对某些低收入国家出口提供特殊优惠便利，也包含有利于这些国家参与加工出口的内容。

虽然发达国家学术界和公众对外包等产品内分工政策的收入效果存在争论，有人担心这类变动会使国内非熟练工人收入和福利下降。研究表明，通过促进企业释放缺乏竞争力加工环节，外包策略使其最终产品在世界市场上更具有竞争力。通过外包实现的产品内凝聚化推动专业化进入更高水平，并获得过去无法通过贸易带来的利益，从而使相关行业获得更好发展。

2. 发展中国家鼓励出口加工政策

"二战"结束后，很多发展中国家实行进口替代战略，以求实现国家工业化和国民经济现代化。这类政策虽能一度刺激民族工业增长，但或迟或早都会面临深层困难。东亚小国和地区，内部市场规模小，进口替代矛盾更为尖锐，这些国家大部分从 20 世纪 60 年代前中期开始改变战略，朝出口导向方向转变。东盟四国和部分拉美国家，后来也先后不同程度地转变战略或调整政策。一些国家采取了以鼓励出口加工为目标的经济政策，对产品内分工发挥了积极促进作用。这些政策初期主要表现为对原料和中间产品提供减免关税等财政激励，后来发展为建立出口加工区等成套性的鼓励参与国际分工的措施。

从 20 世纪 60 年代中期开始，出口加工区开始在发展中国家推广，特别是在东亚地区成为推动出口的流行做法。各国出口加工区普遍以出口导向的加工制造活动为基本定位，并且外资企业在其中占有较大份额。出口加工区特殊政策明显具有降低跨境交易成本的取向。事实表明，以出口加工区为制度平台实施的政策调整，对促进发展中国家参与加工贸易和产品内分工发挥了关键作用。例如，马来西亚制成品出口一半以上来自出口加工区；中国经济特区很大程度上具有出口加工区特点，这些地区同时也是中国最活跃的制成品出口基地。

第二节 国际外包体系的特点

一 国际外包体系下的分工与交易特征

1. 价值链分工

在国际外包体系下，发展中国家外包企业主要负责组装制造活动，在 ODM 模式下，企业还负责产品开发设计。品牌商则负责提供产品概念、技术、品牌推广与市场销售。

厂商在价值链上的不同分工由厂商的资源能力和所在区域要素禀赋决定，厂商倾向于将有限的资源用于核心的能力，以创造出最大化的价值。不同的资源和能力使厂商选择了不同的价值链环节。技术差异和要素禀赋是决定国际分工方式与贸易结构的主要因素（鞠建东等，2004）。因此，在国际外包体系中，技术水平低、劳动密集型的发展中国家企业成为具有较强的原始创新能力和市场营销能力的跨国品牌商的外包企业。

2. 交易特征

在传统的国际外包模式下，交易标的为零组件、半成品或成品，品牌商决定包括价格、数量、交易方式等在内的交易内容，并提供产品组装及制造所需的特定资产。整个交易活动主导权及利益分配都由品牌商控制，外包企业议价能力较弱，价值创造空间有限。在

ODM 条件下，交易标的为相对完整功能的产品或服务，交易内容具体由买卖双方议定。外包企业负责产品开发设计及制造所需的特定资产投资，品牌商负责产品销售渠道与服务的相关特定资产投资。这种能力互补性的合作形态一定程度上提高了外包企业供应关系的不可替代性与议价能力。

二 国际外包模式的产业组织特征

1. 市场结构

市场结构是指企业市场关系的特征和形式，反映企业竞争与垄断及规模经济的关系。由于价值链由相互关联的价值环节链接而成的，同一价值环节的厂商之间，或上下游价值环节的供应商和客户之间的市场关系便构成了价值链的市场结构。市场结构的决定因素主要包括产品差别化、进入和退出壁垒、市场集中度等。

在国际外包模式下，外包企业根据品牌商制定的产品标准（如特定的材质、规格、加工程序、检验标准及品牌或标示等）进行生产，标准化产品具有较强的同质性。企业从事外包生产的技术要求、资本规模等相关进入壁垒较低。因此，许多外包行业企业数量众多，市场集中度很低，企业之间为争夺订单相互压价，甚至出现恶性压价竞争，导致形成竞争性市场价格。此外，由于品牌商数量较少，品牌商在签订外包合同时具有较强的市场势力和合同议价能力。实际上，由于对材料选用和相应的出货量和良品率进行了严格规定，品牌商对外包企业生产过程的费用有着较为清晰的把握，这也使外包企业的利润率十分透明，只能获得微薄的工缴费，而一旦出现用地、用工和材料、能源等价格上涨，外包企业面临的形势就更为严峻，这也迫使外包企业通过改善内部管理，提高生产效率，以降低成本和保证利润。

在 ODM 模式下，外包企业与客户合作制定产品规格或根据客户的规范自行设计产品，通过客户认证后接单生产。外包企业控制产品设计使其产品与同行相比具有异质性，因而可以实行差别性定价。这种外包模式要求制造商具有较高的产品开发设计能力，以及较强的人力资源和资本规模实力，因此，提高了同类企业的进入壁垒。同时，外包企业必须负责产品开发设计及制造所需的特定资产投资，存在一定的沉没成本，企业退出壁垒也相应提高。因此，企业数目相对较少，市场集中度有所提高。此外，外包企业往往同时维持与多家品牌商的外包业务关系，双方竞争与合作关系均有所加强，交易价格或利益分配由交易双方对价值链的贡献来决定。

2. 市场行为与创新能力

市场行为主要包括价格策略、产量和差异化等非价格策略，市场行为对企业资源配置效率、技术进步等市场绩效有重要影响。

国际外包模式下，外包企业缺乏定价自主权，其生产的产量及各种产品标准依照订单进行。市场的充分竞争使外包企业获得零经济利润和正常的资本收益率也使各国通过参与全球价值链上的国际分工，使其充分发挥自身比较优势，实现资源优化和配置。同时，价值链"片断化"促使各国形成产业集群以及集群内分工的细化。对于进入集群的外包企业来说，可以获得外部经济等诸多好处，竞争压力使外包企业具有很强的技术进步动力和外部学习的意愿，并促进企业创新能力和生产率的提升。然而，受企业自身资本和技术水平限制，外包企业创新能力提高空间有限。

ODM 模式下，外包企业拥有一定程度的定价自主权。自主的产品开发设计能力也允许制造商实行产品设计的差异化战略，从而获得相对较高的资本收益率和利润。通过参与全球价值链的产品内水平分工，既能发挥外包企业的比较优势，又能发挥竞争优势。与此同时，行业内竞争压力和自身的技术实力使外包企业厂商兼具强烈的创新意愿和相当的创新能力，外包企业和品牌商之间较多的互补和互动也有利于新知识溢出和创新传递，有利于企业的技术创新。

三 国际外包体系下的知识溢出

1. 组织间知识溢出与学习过程

非自觉的知识溢出和正式的知识转让是组织间知识转移的两种主要形式。Jao（1996）研究发现，在制造过程中，委托厂商对于外包企业的协助是一种非自愿的知识转移，而外包企业往往能通过这种知识传播渠道提升自身的技术能力。Radoscvic（1999）研究发现，在国际外包的合作关系中，知识或技术并不是明确的交易标的，但长期合作关系中隐藏着知识或技术转移，外包关系可视为厂商间非正式知识或技术转移模式。组织间的知识溢出和学习是两个相互联系的过程。Gulati（1999）研究认为合作的一方或双方想要从对方取得关键知识，或者一方为了维持其能力而寻求知识时，知识的转移和溢出才能有效地发生作用。有两种力量可以促使企业以外部学习的合作方式来取得知识技术：其一是合作项目中自然产生的能力提升，如企业提升自身能力以履行订单所规定的各种标准，这种学习属于偶发的被动性学习；其二是资源能力处于弱势的厂商出于对对方能力的主动性学习。

全球价值链上知识溢出的内容主要包括产品开发设计、生产制造、品牌推广和销售服务等知识，这些知识既可以是技术特征的知识，也可以是管理特征的知识。其中，与外包企业技术能力提升直接相关的是产品概念、设计原理、产品技术、材料或零组件的功能与来源、制程技术、产品开发流程或制度以及产品管理知识等产品开发知识。

研究表明，国际外包体系中的知识溢出和学习对外包企业能力提升有积极的影响。国际外包体系下，知识溢出可以通过销售、授权或专利、know‐how 移转、技术支持、质量控制、职业训练或技术信息取得等途径实现。同时，外包企业引进较高层次的产品、设备和技术，通过内部学习机制，吸收并转化为自身较先进的产品技术。因此，组织间的知识溢出和学习过程有利于外包企业能力的提高，学习和吸收产品开发知识是外包企业增强产品开发能力、实现技术升级的条件。

2. 知识溢出的示范效应

在国际外包体系内，技术和管理经验等知识在发包商和供应商之间进行交互和演化，例如，那些无知识产权的传统制造技术、营销技术有显著的示范效应，企业间人力资源流动带来隐性知识的传播等。正是这种示范效应产生的知识溢出和创新传递为处于产业价值链低端的外包企业提供了升级机会。一般来说，外包企业通过两种渠道获得发包商在核心制造技术和营销管理经验方面的知识溢出，即技术示范效应和管理示范效应。这种带动和示范效应对外包企业开阔眼界和进行模仿大有益处。

全球价值链可分为生产者驱动型和购买者驱动型两种类型（Gereffi，1999）。这两类价值链的主导企业往往同时存在技术示范和管理示范，但由于各自的核心竞争力和竞争战略不同，对价值链上的外包企业的示范效应也不相同：生产者驱动型价值链上的外包企业更接近于制造技术创新源。发包商通过设备、产品、人员接触、客户技术资料等许多有形和无形的方式，特别是在消化产品技术和掌握工艺流程方面对外包企业产生影响。因此，生产者驱动型价值链上的外包企业更易于获取较先进制造技术，并将更低技术水平和附加值的业务外包给其他供应商，从而实现从价值链低端向研发环节攀升。随着技术水平的提高，外包企业可以涉及 ODM 业务，获得新的成长曲线。购买者驱动型价值链上的外包企业更接近于营销模式创新源，发包商的管理运营为外包企业提供了现实的学习机会，如全球渠道管理、品牌营销等。因此，购买者驱动型价值链上的外包企业更易于提升营销能力，并将附加值更低的业务外包给其他供应商，从而实现从低端向营销环节攀升。

3. 基于价值链信息管理的信息传播

全球价值链管理以对其上中下游企业群体信息的高效集成管理为前提，以对电子商务手段的有效应用为基础，实现持续的制造技术更新，提升存货管理能力以及设计与制造相结合的多元供货的整合与管理能力。这种实时的信息交流还可以大量地节省因手工单据处理而导致的成本费用及管理失误。因此，有效的价值链信息管理有利于培育新的利润增长点和提高竞争力。

互联网等信息传播介质的应用有利于外包企业实现高效的价值

链管理。高效的价值链管理可以降低企业间交易成本，提高价值链资源配置效率。一方面，价值链治理促进信誉机制的建立，使企业间交易成本趋于下降，增进了企业间的长期合作（Kaplinsky，2001）。另一方面，长期内价值链各节点间交易成本的下降有利于产业链分工的深化，每个节点因专业化分工实现规模经济，价值链变得更富效率，其整体附加值提高。

一般而言，在外包体系内发包商的技术和管理经验对各级供应商会有不同程度的外溢效应，而且创新的辐射效应往往不是单向的，发包商也会从专业化的各级供应商那里获得大量有价值的创新。以新的信息传播介质为基础的价值链信息管理提高了组织间知识溢出的速度和外包企业学习的效率。信息管理加速了技术和管理经验等知识在发包商和外包企业之间的交互和演化，正是这种知识的外溢效应和创新的传递机制使产业价值链具有整体的成长性，即价值链整体各个环节的附加值提高了。因此，产业价值链将从较低位置整体上移，价值链上相互关联的企业（包括各级外包企业和品牌商）也随价值链本身一道实现系统性升级。

第三节　中国外包企业发展

一　中国制造企业参与国际分工概况

自 1978 年改革开放以来，中国在对外经济贸易关系上则实行了不断扩大对外开放的战略，从 20 世纪 80 年代的试点开放、90 年代局部开放到 21 世纪初开始的全方位的对外开放，这一过程是中国对外经济发展深度参与国际分工的时期。到 20 世纪 90 年代末期，中国基本实现了"经济特区—沿海经济开发区—内地"这一逐步推进的对外开放进程，并初步形成了"国内局部市场—全国范围市场—国际市场"这一逐步深化与完善的市场推进格局。

进入 21 世纪，经济全球化和世界范围的产业转移在挑战中国传统的工业化战略的同时，也为中国经济发展带来重大历史机遇。随着中国经济实力和企业国际竞争能力的不断增强，中国各制造业各部门的产业链不断延伸，尤其在金融危机之后，中国进一步加深了与世界市场融合的程度。其中，中国制造已经成为世界分工体系中的重要组成部分，并且加快了与全球产业融合的速度。

1. 中国制造业贸易增长与商品结构变化

随着中国工业化进程及国民经济的不断发展，中国对外贸易保持了高速增长的势头。进出口贸易总额由1980年的381.4亿美元上升到2011年的3.6万亿美元，32年间增长了94.5倍。其中，进口由200.2亿美元增加到1.7万亿美元，增长了86倍；出口额由181.2亿美元增长到1.9万亿美元，增长了103.8倍（见表3-1）。目前，中国出口额已经跃居世界第一位。

表3-1　　　　1980—2011年中国进出口及货物分类金额　单位：亿美元

年份	进出口			出口			进口		
	总额	初级产品	制成品	总额	初级产品	制成品	总额	初级产品	制成品
1980	381.4	160.7	220.6	181.2	91.1	90.1	200.2	69.6	130.6
1985	696.0	191.2	504.9	273.5	138.3	135.2	422.5	52.9	369.6
1990	1154.4	257.4	897.0	620.9	158.9	462.1	533.5	98.5	434.9
1991	1357.0	269.8	1086.6	719.1	161.5	557.0	637.9	108.3	529.6
1992	1655.3	302.6	1352.7	849.4	170.0	679.4	805.9	132.6	673.3
1993	1957.0	308.8	1648.3	917.4	166.7	750.7	1039.6	142.1	897.5
1994	2366.2	361.9	2004.3	1210.1	197.1	1013.0	1156.1	164.9	991.3
1995	2808.6	459.0	2349.6	1487.8	214.9	1273.0	1320.8	244.2	1076.7
1996	2898.8	473.7	2425.2	1510.5	219.3	1291.2	1388.3	254.4	1133.9
1997	3251.6	525.7	2725.9	1827.9	239.5	1588.4	1423.7	286.2	1137.5
1998	3239.5	434.4	2805.1	1837.9	204.9	1632.2	1402.4	229.5	1172.9
1999	3606.3	467.9	3138.4	1949.3	199.4	1749.9	1657.0	268.5	1388.5
2000	4743.0	722.0	4021.0	2492.0	254.6	2237.4	2250.9	467.4	1783.6
2001	5096.5	720.8	4375.7	2661.0	263.4	2397.6	2435.5	457.4	1978.1

续表

年份	进出口			出口			进口		
	总额	初级产品	制成品	总额	初级产品	制成品	总额	初级产品	制成品
2002	6207.7	778.1	5429.6	3256.0	285.4	2970.6	2951.7	492.7	2459.0
2003	8509.9	1075.8	7434.1	4382.3	348.1	4034.2	4127.6	727.6	3400.0
2004	11545.6	1578.2	9967.4	5933.3	405.5	5527.8	5612.3	1172.7	4439.6
2005	14219.1	1967.5	12251.6	7619.5	490.4	7129.2	6599.5	1477.1	5122.4
2006	17604.4	2400.5	15203.5	9689.8	529.2	9160.2	7914.6	1871.3	6043.3
2007	21765.7	3045.9	18691.3	12204.6	615.1	11562.7	9561.2	2430.9	7128.6
2008	25632.6	4403.5	21229.0	14306.9	779.6	13527.4	11325.7	3623.9	7701.7
2009	22075.4	3529.2	18546.0	12016.1	631.1	11384.8	10059.2	2898.0	7161.2
2010	29740.0	5155.4	24584.6	15777.5	816.9	14960.7	13962.4	4338.5	9623.9
2011	36418.7	7048.1	29370.5	18983.8	1005.5	17978.4	17434.8	6042.7	11392.2

资料来源：历年中国统计年鉴。

在中国对外贸易规模不断扩大的同时，中国进出口商品的结构也发生了巨大变化。总的来讲，一国进出口货物分为初级产品和制成品。1980 年，中国工业制成品出口额为 90.1 亿美元，占当年出口总额的比重为 49.7%。到 2011 年，工业制成品出口额达 17978.4 亿美元，占出口总额的比重上升到 94.7%，大大超出了目前 3/4 左右的世界平均水平（见图 3-1）。与快速上升的制成品出口占比相比，工业制成品进口占中国进口比重变化相对平缓。从数值看，由 1980 年的 65.2% 到 2011 年的 65.3%，但实际上在 20 世纪 80 年代中期一直到 21 世纪初的这 20 年间，工业制成品进口占进口总额比重一直保持在 80% 左右，直到近 10 年才呈现出明显的下降趋势。

初级产品主要包括食品及主要供食用的活动物，饮料及烟类，非食用原料，矿物燃料、润滑油及有关原料，动、植物油脂及蜡五大类产品，工业制成品包括化学品及有关产品，轻纺产品、橡胶制品矿冶产品及其制品，机械及运输设备，杂项制品和未分类的其他商品五大类产品。

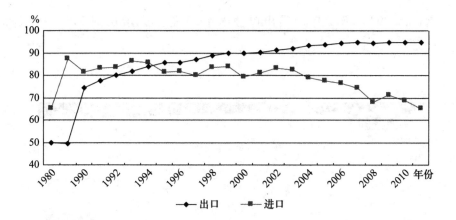

图 3 - 1　中国工业制成品进出口占总进出口比重变化

　　本书根据商品在社会经济中的使用方式将这十类产品进一步归纳为五大类：食品、饮料及烟类；原材料；轻纺、化工产品；机械及运输设备；其他工业制成品。通过这种分类，可以清晰地看到改革开放以来不同产品类型所发生的变化。

　　在中国进口货物中，20 世纪 80 年代初，食品和原材料等初级产品所占比重超过 1/3，而后快速下降。自 80 年代中期开始，原材料占比持续上升，而轻纺、化工产品比重下降较大，机械及运输设备比重变化不大。此外，自 20 世纪 80 年代以来，食品、原材料占中国出口货物比重迅速下降，由原来的 50% 下降到 2011 年的 5% 左右，而轻纺、机械等产品的比重则由 1/3 上升到 70% 。

　　从图 3 - 2 及图 3 - 3 的变化中可以得出这样的结论：改革开放 40 年来，中国进出口尤其是出口商品结构不断改善，制成品所占比重快速上升。同时，原材料进口的比重不断上升表明受到资源、能源等条件约束，中国大规模的制成品出口在相当大的程度上依赖世界市场提供生产所需的大量原材料。

　　在工业制成品中，机电产品出口额由 1985 年的 16.8 亿美元提高到 2011 年的 10855.9 亿美元，成为目前中国出口金额最大的产品。此外，20 世纪 90 年代中期以来，中国高技术产品出口也迅速增长，1993—2011 年产品出口额由 46.8 亿美元增长到 5487.9 亿美元。

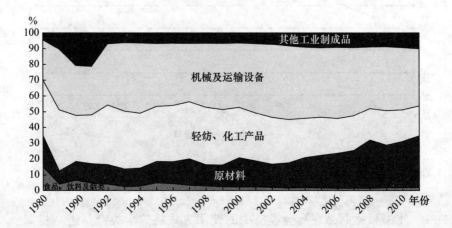

图 3 - 2 1980—2010 年中国进口货物的产品结构变化

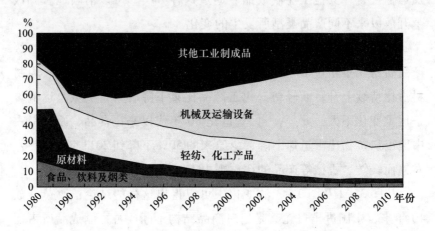

图 3 - 3 1980—2010 年中国出口货物的产品结构变化

以电子信息制造业为例，2012 年，中国规模以上电子信息制造业总销售产值为 8.5 万亿元，出口交货值为 4.7 万亿元，占销售产值的 55%（见表 3 -2）。在该行业中，销售产值比重最大的是电子计算机制造业，超过整个电子信息制造业销售总产值的 1/4，达

26.7%。同时，电子计算机制造业也是该行业中出口交货值占销售产值比重最大的行业，高达 75.9%，即在中国企业所生产的电子计算机中，3/4 面向出口市场。出口交货值占销售产值比重超过一半的还有通信设备制造业，比重达 51.9%。

表 3 - 2　　　　2012 年电子信息制造业销售产值及出口交货值

单位：亿元、%

行业	销售产值	出口交货值	出口交货值占销售产值比重
雷达制造业	308.7	67.7	21.92
广播电视设备制造业	793.6	283.6	35.74
电子计算机制造业	22733.5	17243.8	75.85
家用视听设备制造业	5361.1	2532.8	47.24
电子器件制造业	14006.4	8974.8	64.08
电子元件制造业	14796.0	7153.5	48.35
电子测量仪器制造业	1674.3	318.2	19.01
电子专用设备制造业	3047.0	855.5	28.08
电子信息机电制造业	6489.2	1904.4	29.35
其他电子信息行业	2116.2	331.2	15.65
通信设备制造业	13718.0	7115.3	51.87
总计	85044.0	46780.7	55.01

　　因此，目前中国企业在国际市场上的角色和地位都发生了重大变化，由主要依靠玩具、纺织品、鞋类等轻纺产品为主的商品转向大规模输出门类齐全工业制成品的"世界工厂"。

　　2. 对外贸易主体结构变化

　　20 世纪 90 年代以来，随着中国利用外资规模扩大，外商投资企业出口在全国出口中的地位不断提高，外商投资企业出口额从 1990 年的 120.5 亿美元增长到 2011 年的 9953 亿美元（见表 3 - 3），占全国出口总额的比重从 16.8% 上升到 52.4%。而且，与内资企业相比，外商投资企业具有较强的出口倾向，外商投资企业的出口商品结构也明显优于内资企业。

表 3 – 3 　　　　　　　　　2004—2012 年中国出口分企业性质　　　　单位：亿美元

年份	2004	2005	2006	2007	2008	2009	2010	2011	2012
总值	5933	7620	9690	12205	14307	12016	15778	18984	20488
国有企业	1536	1688	1914	2248	2572	1910	2344	2672	2563
外商投资企业	3386	4442	5638	6955	7906	6722	8623	9953	10228
集体企业	318	365	411	469	547	405	499	554	509
其他	694	1125	1728	2508	3260	2979	4314	5807	7190

从不同贸易方式的主体性质来看，外商投资企业不仅为中国进出口贸易做出超过一半的贡献，更是加工贸易最为主要的主体。

2011 年，外商投资企业加工贸易进出口总值为 585.1 亿美元和 669.1 亿美元，分别占中国加工贸易进出口总值的 81.9% 和 83.7%。同时，各自占外商投资企业进出口总值的 44.5% 和 70%，远远高于加工贸易进出口总值占中国对外贸易进出口总值比重的 27% 和 44%，表明中国外商投资企业具有很强的外向型经济特征，并且其进出口尤其是出口主要是以加工贸易方式呈现的。

从总体上看，外商投资企业不仅带动了中国出口，也促进了中国出口商品结构的改善，成为拉动中国出口商品结构升级的重要力量。近年来，发达国家大型跨国公司纷纷向发展中国家实行产业转移时，也向发展中国家输出了大批的高新技术，这不仅能够使包括中国在内的发展中国东道国获得先进技术作为区域经济和国民经济加速发展的强大驱动力，也使中国开放较早的沿海地区企业借此机会加入高技术产业的国际生产体系，从而带动中国传统技术密集型产业的发展和产业结构转型。

二　中国外包企业发展历程

20 世纪 80 年代以来，以代工为主要内容的国际外包的生产模式在中国东南部沿海地区开始出现以来，经过近三十年的发展，中国外包企业经历了从数量上由少到多、规模上从小到大的发展过程。按照中国外包企业的规模数量特点和利润波动幅度划分,其发展大致可以划分为以下四个阶段。

1. 20 世纪 80 年代初至 80 年代中期

这一阶段被称为外包生产模式的萌芽阶段。这一时期中国外包企业主要特点是企业规模较小、订单生产、利润丰厚。

20 世纪 80 年代初期,西方发达国家和"亚洲四小龙"相继出现了国内生产成本日益提高、产品利润逐步下降的状况。许多跨国公司开始到海外市场寻求进一步降低成本、提高利润的途径。而改革开放初期的中国,具有大量廉价的剩余劳动力,并且产品的原材料价格在国际上也具有很大的优势。因而,跨国公司纷纷尝试在中国寻找外包合作伙伴,通过在国内生产产品,贴牌后再出口到本国或其他海外市场进行销售。这一时期,由于国内刚刚实行改革开放,国内企业不管是从技术上,还是从经营管理上都相当落后,跨国公司带来的订单以及相应的设备及生产技术,以及这种新兴的合作方式,很快被沿海地区的企业所普遍接受。初期阶段,国内能够提供完善外包服务的生产型企业并不多,同时,跨国公司对于刚改革开放的中国市场和企业也并不十分了解。因此,从某种意义上说,最早采用外包模式的企业处于类似寡头垄断的地位,一旦获取订单,就获得了相对丰厚的利润。

2. 20 世纪 80 年代中期至 90 年代中期

这一阶段被称为外包生产的发展阶段,中国外包企业的特点是规模不断扩大、订单生产、利润开始降低。

经过几年的发展,一部分率先采用外包生产的企业已经逐渐在世界范围内找到合适的品牌商合作,成为这些品牌商专业的产品提供商;同时他们积累了充足的资金,有足够的能力扩大生产规模,进一步降低成本,扩大自身的竞争优势。除积累了大量的资金,这批规模较大的外包企业还在早期的外包生产过程中从品牌商那里获得一定的技术、管理方面的支持,有的企业开始学习品牌经营。如海尔集团在 80 年代末就提出了"争第一，创名牌"的品牌战略。与此同时，由于大多数外包行业进入门槛较低，许多原先没有外包经验的生产企业也开始进入外包行业，这些新加入的企业大多是中小型企业，获取订单范围以及合作伙伴均不固定，经营的外包产品种类也比较多，而且企业管理不够规范。整个外包市场开始进入相对无序的恶性的价格竞争阶段，使大量外包企业面临日益激烈的竞争，利润越来越低，而国外委托方则大获其利。

3. 20 世纪 90 年代中期到 2008 年

这一阶段是外包生产模式的成熟阶段。这一阶段，中国外包企业的特点是规模继续扩大、订单生产，利润率继续下降。

经过近 20 年的发展，外包模式在中国逐渐走向成熟，国内大型的外包企业开始逐渐向专业化方向转变和发展。一些企业将全部精力投向生产环节，专注做供应链中游。在此过程中不断提高产品质量和技术水平，努力通过国际专业水平认证。同时，进一步扩大生产规模，降低成本，并逐步和上游世界品牌企业形成了更为密切的合作关系。虽然这些企业生产的单位产品附加值普遍较低，但是由于企业的规模经济效应十分明显，企业在行业内仍然保持较强的竞争优势。然而，由于行业竞争日益激烈，利润越来越低，许多中小型外包企业当资金积累到一定程度的时候，开始从盲目接单转变到有选择性接单，从追求短期经济利润转变为专注提高自己的专业技术水平。还有一些企业寻求向 ODM 甚至 OBM 转型，从原来的受托方逐渐向发展自主品牌和委托方转变。

4. 2008 年至今

这一阶段是外包生产模式在中国的转型期。这一阶段的特点是外包生产规模出现波动，利润率极低，外包模式在中国沿海地区陷入低谷，许多外包企业纷纷转型。

由于行业利润不断下降，加上新国际经济形势下国内、国外不利因素的影响，在中国持续增长 20 多年的外包模式受到了前所未有的挑战。首先，国际金融危机下，作为中国外包企业订单主要来源地的西方发达国家国内经济不景气，许多外包企业由于没有订单或出现亏损；其次，在国际外包市场上，中国外包企业逐渐面临东南亚、中南美洲等国家的竞争，订单不断向这些地区流失；最后，随着国内劳动力成本上升、人民币升值，由于外需不足加上外包企业缺乏产品定价权，因此，企业无法将上涨的成本向品牌商转移，出现没有订单企业亏损，而接到订单企业也会亏损的窘境。根据国家发改委中小企业司数据显示，仅 2008 年上半年，全国共有 6.7 万家规模以上的中小企业倒闭，仅作为劳动密集型产业代表的纺织行业，中小企业倒闭就超过 1 万多家，2/3 的纺织企业面临重整，将导致超过千万工人失业。

与此同时，发达国家为提升国内市场需求，增加国内就业，促进经济增长和复苏，纷纷提出"再工业化"的政策倡议，号召将转移至发展中国家的制造业和生产环节向国内回流。对此，许多发展中国家外包企业也努力调整企业战略，探索新的生产模式，寻找企业发展新的增长点，以摆脱日益明显和严重的全球价值链"低端锁定"的困境。

第四章　中国外包企业升级测度研究

本章首先介绍采用不同统计数据的外包测度方法，并分别根据加工贸易数据、中间产品贸易数据对中国外包规模进行考察。以中国最主要的贸易伙伴——美国和日本为研究对象，分析不同来源国的外包规模。在此基础上，采用加工贸易数据及投入产出数据对中国外包企业升级进行测度，并分别以劳动生产率和全员劳动生产率为主要衡量指标，对中国外包企业的升级绩效进行测度。通过对采用不同统计方法和指标变量测算得出的结果进行分析比较，为测算中国各行业外包企业升级提供直观的现实依据。

第一节　基于不同统计数据的外包规模测度方法

国际外包的主要内容是发达国家和发展中国家之间的中间产品贸易。目前，学术界对国际外包贸易量的度量主要基于以下几类数据和方法。

一　采用海关贸易数据

1. 加工贸易数据

加工贸易指跨国企业利用东道国相对低廉的生产成本优势，直接将其产品的加工、装配环节通过直接投资或外包的形式转移到东道国，并将其加工、装配后的制成品运回本国或其他国家市场进行销售。中国狭义的加工贸易指企业采取"三来一补"的方式，对来料或进料加工采取海关保税监管的贸易形式。因此，加工贸易本质上是产品内贸易的分工模式。

20 世纪中期以来，加工贸易方式在许多发展中国家取得了快速发展。尤其是"两头在外"的来料加工、进料加工和来件组装装配业务，由于主要以零部件贸易形式出现，具有典型的外包特征。与此同时，由于加工贸易在发展中国家对外贸易中占有较大的比重（在中国曾经作为最主要的贸易方式），相关统计数据比较完善。然而，使用该办法存在的主要问题是中国加工贸易主要采取商品分类的划分方法，而非行业划分方法，往往与其他变量指标统计口径不统一。

2. 零部件、中间产品贸易数据

当前，以零部件为主的中间品贸易在当前国际贸易中占有重要地位，中间品贸易规模及其在一国对外贸易中所占比重大小，反映了该国从事加工装配的外包企业参与国际垂直专业化的分工程度。因此，一些学者与研究机构采用海关统计数据中零部件或中间品的贸易数据，对一国外包进行衡量。

在早期的研究成果中，一些学者采用中间产品的贸易数据，来衡量一国外包水平（Berman 等，1994；Lawrence，1994；Slaughter，1995）。还有学者根据联合国国际标准贸易分类（SITC）中的零部件贸易数据，对一国行业在全球生产的垂直专业化程度进行考察（Feenstra 和 Hanson，1998；Yeats，1998；Jones 等，2005）。Feenstra 和 Hanson（1996）用中间品进口额占非能源原材料购买总额比重，对其外包水平进行测度。这种方法比较适用于加工贸易盛行的国家。

二 采用投入产出表

由于一些国家的投入产出表数据比较完善，编表时间也比较连续，在投入栏中区分了本国中间品投入和进口中间投入品，从而可以得到每个行业的进口中间产品的数值。因此，Campa 和 Goldberg（1997）最早采用投入产出表方法，对一国外包进行测算。此后，一些学者如 Hummes（2001）等根据各国家或地区生产和贸易的现实情况，对该方法进行了完善。在此基础上，通过构建与其相关的指标变量，对各国的外包水平进行测度。

第二节 中国外包规模测度

一 基于加工贸易数据的外包规模测度

20 世纪 80 年代开始，中国沿海地区企业开始通过以加工贸易为主的外包模式参与国际市场竞争。① 随着加工贸易在中国的迅速发展，加工贸易方式下制造的产品在国际市场占有率也不断提升，中国逐渐成为"世界工厂"。

（一）总体加工贸易

改革开放初期，一般贸易在中国对外贸易中占有绝对优势，而加工贸易占有比例极小。1981 年，中国加工贸易出口和进口分别为 11.3 亿美元和 15 亿美元，占当年中国出口、进口总值的 5.1% 和 6.8%（见表 4-1）。此后，随着中国对外开放步伐加快，越来越多的企业利用劳动力成本优势和资源优势，通过外包形式参与国际市场竞争，加工贸易规模快速增长。

1. 加工贸易出口

进入 20 世纪 90 年代初，中国正式确立了市场经济地位，加工贸易增速加快。1993 年，加工贸易出口首次超过一般贸易，成为中国出口贸易中最为重要的贸易方式。在 1993—2011 年，中国加工贸易出口由 442.5 亿美元增加到 2011 年的 8352.8 亿美元。其间，除 1994 年和 2011 年两年外，其他 17 年内，中国出口贸易中加工贸易额都超过了一般贸易的出口额（见图 4-1）。近年来，一般

---

① 在本节，分别采用加工贸易数据及中间产品数据对中国外包进行考察。由于加工贸易具有自身的贸易特征和内容，虽然作为外包的一种重要形式，然而其内容并不等同于外包，因此，直接使用"加工贸易"进行阐述。

表 4 - 1　　　1981—2011 年按贸易方式分类的中国进出口额

单位：亿美元

年份	一般贸易		加工贸易		其他贸易	
	出口	进口	出口	进口	出口	进口
1981	208	203.66	11.31	15.04	0.79	1.4
1982	222.45	188.85	0.53	2.76	0.22	1.38
1983	201.6	187.68	19.44	22.72	1.26	3.5
1984	231.62	238.49	29.29	31.47	0.49	4.14
1985	237.3	372.72	33.16	42.74	3.04	7.04
1986	250.95	352.07	56.2	67.03	2.25	9.9
1987	296.43	287.72	89.94	101.91	8.03	42.47
1988	326.22	352.04	140.6	151.05	8.38	49.61
1989	315.52	356.14	197.85	171.64	12.03	63.62
1990	354.6	262	254.2	187.6	12.1	83.9
1991	381.2	295.4	324.3	250.3	13.6	92.2
1992	436.8	336.2	396.2	315.4	16.4	154.3
1993	432	380.5	442.5	363.7	43	295.4
1994	615.6	355.2	569.8	475.7	24.7	325.2
1995	713.7	433.7	737	583.7	37.1	303.4
1996	628.4	393.6	843.3	622.7	38.8	372
1997	779.74	390.3	996.02	702.06	52.14	331.34
1998	742.35	436.8	1044.54	685.99	50.22	279.58
1999	791.35	670.4	1108.82	735.78	49.14	250.81
2000	1051.81	1000.79	1376.52	925.58	63.7	324.57
2001	1118.81	1134.56	1474.34	939.74	67.83	361.23
2002	1361.87	1291.11	1799.27	1222	94.82	438.59
2003	1820.34	1877	2418.49	1629.35	143.45	621.22
2004	2436.06	2481.45	3279.7	2216.95	217.5	913.89
2005	3150.63	2796.33	4164.67	2740.12	304.23	1063.08
2006	4162	3330.74	5103.55	3214.72	423.81	1369.15
2007	5393.55	4286.64	6175.6	3684.74	623.2	1590.2
2008	6628.62	5720.93	6751.14	3783.77	927.17	1820.92
2009	5298.12	5344.7	5868.62	3222.91	849.37	1491.62
2010	7206.12	7692.76	7402.79	4174.82	1168.63	2094.86
2011	9170.34	10076.21	8352.84	4697.56	1460.64	2661.07

资料来源：2012 年中国贸易外经统计年鉴。

贸易呈现出快于加工贸易出口增速的态势，表明中国出口结构有所优化。同时，加工贸易发展的国际环境和国内条件都发生了重大变化，中国承接国际行业转移受到来自发达国家和发展中国家的"双向挤压"，传统加工贸易的粗放式发展模式难以为继。而由于中国当前经济发展及生产技术水平尚低，就业压力突出，加工贸易在未来相当长一段时间内将仍然在中国国民经济及对外贸易中发挥重要作用，而创新发展和转型升级成为中国加工贸易企业急需解决的迫切任务。

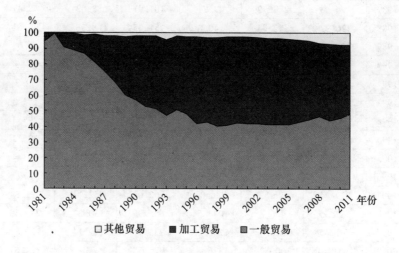

图 4 - 1　按贸易方式出口在中国出口总额中比重

2. 加工贸易进口

在中国进口贸易中，加工贸易增长也占有比较重要的地位，进口规模增长迅速。20 世纪 90 年代初期，加工贸易进口额超过了一般贸易方式进口额。其中，1994 年，加工贸易进口额占中国当年进口总额的比重达到 49.3% 的峰值。此后，加工贸易进口额在中国进口总额的比重逐年下降。尤其是 2006 年之后，一般贸易进口迅猛增长，其增速远快于加工贸易进口。2011 年，加工贸易进口占中国进口比重下降至 26.9%（见图 4 - 2）。

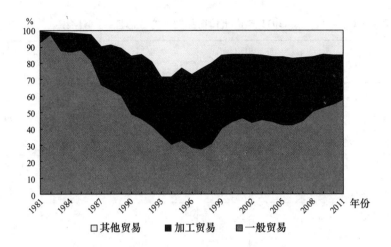

图4-2 按贸易方式进口在中国进口总额中比重

3. 加工贸易构成

在中国对外加工贸易方式中,主要以来料加工装配贸易和进料加工贸易方式为主。来料加工装配贸易指由外商提供全部或部分原材料、辅料、零部件、元器件、包装物料,必要时提供设备,由中方按对方要求进行加工装配,成品交付销售,中方收取工缴费,对方提供的作价设备款,中方用工缴费偿还的交易形式。进料加工贸易指中方用外汇购买进口的原料、材料、辅料、零部件、配套件和包装物料,加工成品或半成品后再外销出口的交易形式。包括出口加工区企业从境外进口的用于加工的料件以及加工后出口的成品。

从中国加工贸易的构成看,进料加工贸易方式占主要地位,其次是来料加工。2011年,在中国对外贸易的出口和进口中,加工贸易各占44%和27%。其中,进料加工方式分别占了其中的38.3%和21.6%,来料加工则占了5.7%和5.4%(见表4-2)。

4. 贸易主体

从加工贸易方式的主体性质来看,外商投资企业不仅为中国进出口贸易做出超过一半的贡献,更是加工贸易最重要的主体。

表 4 - 2　　　　　　2011 年进出口商品贸易方式总值　　单位：亿美元、%

贸易方式	进出口		出口		进口	
	金额	占比	金额	占比	金额	占比
总值	36420.6	100	18986.0	100	17434.6	100
一般贸易	19245.9	52.84	9171.2	48.31	10074.6	57.79
来料加工装配贸易	2012.9	5.53	1076.5	5.67	936.3	5.37
进料加工装配贸易	11039.2	30.31	7277.6	38.33	3761.6	21.58
加工贸易进口设备[a]	8.9	0.02			8.9	0.05
外资企业投资进口设备品	175.1	0.48			175.1	0.92
出料加工贸易	2.7	0.01	2.0	0.01	0.7	0.00
保税监管场所进出境货物	1229.5	3.38	432.9	2.28	796.6	4.57
海关特殊监管区物流货物	1904.9	5.23	496.5	2.62	1408.3	8.08
海关特殊监管区进口设备	47.4	0.13			47.4	0.27
其他	194.3	0.53	171.4	0.90	23.0	0.13

注：a. 加工贸易进口设备指加工贸易项下对方提供的机械设备，包括以工缴费（或差价）偿还的及作价或不作价设备。

2011 年，外商投资企业加工贸易进出口总值为 3849.5 亿美元和 6993.3 亿美元，分别占中国加工贸易进出口总值的 81.9% 和 83.7%（见表 4 - 3 和表 4 - 4）。同时，各自占外商投资企业进出口总值的 44.5% 和 70%，远远高于加工贸易进出口总值占中国对外贸易进出口总值的比重（27% 和 44%）。这表明中国外商投资企业具有很强的外向型经济特征，并且，其对外贸易尤其出口贸易主要以加工贸易方式呈现。

表 4 - 3　　　　2011 年出口商品贸易方式企业性质总值　　单位：亿美元

贸易方式	贸易总额	一般贸易		加工贸易			
		金额	占一般贸易比重（%）	金额	占加工贸易比重（%）	来料加工装配贸易	进料加工装配贸易
总值	18986	9171.2		8354.2		1076.5	7277.6
国有企业	2672.2	1580.9	17.24	633.4	7.58	236.2	397.2
外商投资企业	9953.3	2537.5	27.67	6993.3	83.71	669.1	6324.2
集体	554.0	433.7	4.73	101.8	1.22	35.0	66.9
其他	5806.5	4619.2	50.37	625.6	7.49	136.2	489.4

资料来源：海关统计数据。

表 4 - 4　　　　2011 年进口商品贸易方式企业性质总值　　单位：亿美元

贸易方式	贸易总额	一般贸易		加工贸易			
		金额	占一般贸易比重（%）	金额	占加工贸易比重（%）	来料加工装配贸易	进料加工装配贸易
总值	17434.6	10074.6		4698.0		936.4	3761.6
国有企业	4934.0	4035.4	40.05	352.6	7.5	219.4	133.1
外商投资企业	8648.3	3382.3	33.57	3849.5	81.94	585.1	3264.4
集体	407.5	313.9	3.12	45.8	0.98	17.6	28.2
其他	3444.8	2343.1	23.26	450.1	9.58	114.2	335.9

资料来源：海关统计数据。

（二）分行业加工贸易

表 4 - 5 列出了中国加工贸易项下根据 HS 商品分类部分主要制成品的出口金额。可以看出，虽然受到国际金融危机影响，使 2009 年中国许多行业加工贸易出口额有所下降。然而，随着世界需求及中国经济快速复苏，2010 年之后加工贸易出口仍然以较快的速度增长。① 2011 年，加工贸易出口金额超过 1000 亿美元的有电机电气设

————————

① 由于本书有关行业、商品贸易数据来源不同，因此，统计口径和行业分类标准有所差异。

备；录音机音像录制设备及零附件和核反应堆、锅炉、机器、机械器具及其零件两大类产品，加工贸易出口额分别为2891.8亿美元和2308.2亿美元，这两个行业加工贸易出口总和占中国加工贸易出口总额的62.2%。此外，塑料及其制品，橡胶及其制品，还有九大类制成品行业贸易出口金额超过100亿美元。

表4-5　　　　　加工贸易项下出口商品分类金额　　　单位：亿美元

年份	2007	2008	2009	2010	2011
有机化学品	32.4	47.9	34.2	43.6	55.1
塑料及其制品	144.5	153.7	119.4	152.9	179.7
橡胶及其制品	80.3	92.1	85.0	111.1	154.0
皮革制品；箱包及类似容器等制品	44.8	46.6	38.5	43.8	45.0
纸及纸板；纸浆、纸或纸板制品	38.7	39.6	38.3	44.7	55.5
针织物及钩编织物	25.4	22.5	21.8	24.1	26.6
针织或钩编的服装及衣着附件	79.1	83.9	73.8	77.0	86.5
非针织或非钩编的服装及衣着附件	141.2	148.1	126.8	129.2	144.4
其他纺织制品；成套物品；旧纺织品	24.6	23.6	21.6	25.1	25.6
鞋靴、护腿和类似品及其零件	94.2	103.5	91.6	108.7	114.2
珍珠宝石、贵金属及其制品；仿首饰；硬币	46.9	51.0	44.4	93.1	237.2
钢铁	29.8	26.3	10.3	21.1	36.0
钢铁制品	50.5	49.4	45.1	47.8	53.9
铜及其制品	33.6	32.6	22.0	29.7	34.6
铝及其制品	18.8	20.9	17.6	25.5	29.7
核反应堆、锅炉、机器、机械器具及其零件	1684.9	1859.5	1658.2	2134.8	2308.2
电机电气设备；录音机音像录制设备及零附件	2314.5	2486.3	2140.0	2618.6	2891.8
铁道机车车辆及零附件；各种机械通信号设备	88.8	90.8	21.6	77.8	119.8
车辆及其零附件，但铁道及电车道车辆除外	77.7	89.9	63.8	81.6	92.1
船舶及浮动结构体	109.8	174.8	265.4	386.6	416.6
光学医疗外科用仪器及设备、精密仪器及设备	273.5	310.7	273.5	359.1	405.8
家具；寝具；灯具；发光标志；活动房屋	101.5	101.9	80.6	94.1	99.9
玩具、游戏品、运动用品及其零件、附件	180.1	223.8	167.5	165.8	190.9

以下以具体行业为例来进行分析。

1. 纺织品服装行业

2011 年，纺织品服装行业出口总金额为 231.6 亿美元，加工贸易出口 134 亿美元，占该行业出口总额的 57.8%（见表 4-6），显示出作为中国传统比较优势的行业，其加工贸易在行业出口中仍然占有主要地位。然而，随着其出口增速放缓，其在中国对外贸易的地位不断下降。其中，进料加工和来料加工分别占行业加工贸易出口的 64.6% 和 35.4%。同时，在纺织品服装加工贸易进出口贸易中，纺织品占 95% 以上，表明中国纺织品服装行业加工贸易中，中间行业形式占有绝对优势，而作为最终行业的服装所占比重极小。

表 4-6　　　　2011 年中国纺织品服装出口分贸易方式统计

单位：亿美元、%

	纺织品服装		纺织品		服装	
	金额	占比	金额	占比	金额	占比
总计	231.6	100	191.5	100	40.1	100
一般贸易	81.9	35.38	52.6	27.46	29.4	73.19
进料加工	86.5	37.34	84.8	44.29	1.7	4.16
来料加工	47.5	20.49	45.4	23.69	2.1	5.24
其他贸易	15.7	6.78	8.7	4.56	7.0	17.38

资料来源：中国行业信息网，http://www.chyxx.com。

2. 电子信息行业

2011 年，电子信息行业进出口总额达 11292.3 亿美元，占全国进出口总额的 31.0%（见表 4-7）。其中，进口 4680.3 亿美元，占全国进口总额的 26.8%，出口 6612.0 亿美元，占全国出口总额的 34.8%，充分显示出该行业在中国对外贸易中的重要地位。并且，统计资料显示，中国加工贸易出口企业主要集中在电子信息行业。

表 4 - 7 　　　　　　　　2011 年电子信息行业主要指标完成情况

	单位	金额
主营业务收入	亿元	74909
销售产值	亿元	75445
进出口总额	亿美元	11292.3
出口额	亿美元	6612.0
一般贸易	亿美元	1194.7
加工贸易	亿美元	5417.3
内资企业	亿美元	1237.7
外资企业	亿美元	5374.3
进口额	亿美元	4680.3

　　在中国电子信息行业出口中，加工贸易出口 5417.3 亿美元，比重达到 81.9%；外资企业出口 5374.3 亿美元，比重达 81.3%，表明加工贸易在电子信息行业出口中占有绝对优势，其贸易地位远高于一般贸易方式，并且远高于大部分行业加工贸易在行业出口总额中的比重。

　　值得注意的是，电子信息行业在中国的最主要的制造基地是广东省，尤其集中在深圳市。2011 年，作为深圳市加工行业的最重要的支柱行业，其电子信息行业工业增加值居全国大中城市首位，以加工贸易方式出口金额高达 777 亿美元，占全市加工贸易出口额的 56%，占全国该行业加工贸易出口总额的 1/7。其中，手机、程控交换机、通信基站、彩电、计算机等多项产品产量位居全国乃至全球前列。

　　3. 高技术行业

　　根据中国科技统计数据显示，2011 年，中国高技术产品加工贸易出口额为 4221.4 亿美元，占加工贸易出口总额的 50.5%（见表 4 - 8）。其中，进料加工贸易占高技术产品加工贸易出口的 90.4%，其余为来料加工装配贸易出口。同时，高技术产品加工贸易进口额为 2299.7 亿美元，占加工贸易进口总额的 49%。其中，进料加工贸易占高技术产品加工贸易出口的 82.4%。

表 4 – 8　　　　　2011 年按贸易方式分高技术产品进出口

单位：亿美元、%

	进出口		出口		进口	
	金额	占比	金额	占比	金额	占比
合计	10120.5	100	5488.3	100	4632.3	100
一般贸易	2127.3	21.02	898.5	16.37	1228.8	26.53
加工贸易	6521.1	64.43	4221.4	76.92	2299.7	49.64
来料加工装配贸易	801.8	7.92	396.2	7.22	405.5	8.75
进料加工贸易	5719.3	56.51	3825.2	69.70	1894.1	40.89
加工贸易进口设备	12.9	0.13	7.3	0.13	5.7	0.12
外商投资企业作为投资进口的设备、物品	83.2	0.82			83.2	1.80
保税仓库进出境货物	261.3	2.58	82.6	1.51	178.7	3.86
保税区仓储转口货物	1007.0	9.95	271.3	4.94	735.7	15.88
出口加工区进口设备	37.4	0.37			37.4	0.81
其他	7.0	0.07	1.0	0.02	6.0	0.13

资料来源：根据中国国家统计局 2011 年中国科技统计数据计算所得。

可以看出，在中国加工贸易的进出口中，高技术产品均占有重要地位，比重约为一半。并且，由于高技术产品在中国加工贸易中比重不断上升，体现出中国加工贸易产品结构逐步优化升级。

虽然目前一般贸易取代了加工贸易的主导贸易方式地位，然而，其在中国对外贸易中仍然占有十分重要的地位，一直为扩大中国制成品的国际市场份额，拓展中国行业参与国际分工的渠道和方式做出重要的贡献，也为当地创造了大量就业机会。

二　基于中间产品贸易数据的外包规模

（一）总体外包

1993—2011 年，中国出口总额由 1507.6 亿美元上升到 19589.4 亿美元，增长了 12 倍。其中，中间产品出口由 333.7 亿美元上升到 7769.4 亿美元，增长了 22.3 倍，占出口总额比重由 22.1% 上升到

39.7%，增长了近80%。这表明20世纪90年代以来，中国总体外
包水平有了较大幅度提高（见表4-9）。

表4-9　　　　　　1993—2011年中国行业出口及外包　单位：亿美元、%

年份	出口总额	中间产品出口及占出口总额比重		加工品出口及占中间产品出口比重		零部件出口及占中间产品出口比重	
1993	1507.6	333.7	22.1	265.5	79.6	68.2	20.4
1994	1838.0	432.4	23.5	334.8	77.4	97.6	22.6
1995	2229.2	610.2	27.4	459.1	75.2	151.1	24.8
1996	2460.0	647.1	26.3	454.9	70.3	192.2	29.7
1997	2778.7	777.6	28.0	524.9	67.5	252.8	32.5
1998	2809.6	785.0	27.9	496.1	63.2	288.9	36.8
1999	3483.2	967.1	27.8	599.7	62.0	367.5	38.0
2000	3958.0	1188.4	30.0	704.5	59.3	483.9	40.7
2001	4089.4	1242.0	30.4	715.4	57.6	526.6	42.4
2002	4735.0	1470.6	31.1	811.5	55.2	659.1	44.8
2003	5980.7	1932.6	32.3	1032.1	53.4	900.5	46.6
2004	7932.4	2720.9	34.3	1440.7	52.9	1280.2	47.1
2005	9882.8	3482.5	35.2	1823.4	52.4	1659.1	47.6
2006	11966.8	4440.1	37.1	2332.1	52.5	2108.0	47.5
2007	13525.4	5190.9	38.4	2953.6	56.9	2237.3	43.1
2008	15443.0	6174.4	40.0	3601.6	58.3	2572.8	41.7
2009	12924.7	4673.7	36.2	2477.1	53.0	2196.6	47.0
2010	16609.5	6388.5	38.5	3341.5	52.3	3047.1	47.7
2011	19589.4	7769.4	39.7	4277.5	55.1	3491.9	44.9

　　根据 BEC 分类标准，中间产品可以进一步细分为加工品（Pro-
cessed goods）和零部件（Parts and Components）两个子类别。①

---

① "加工品"和"零部件"这两种子类别中的产品所经历制造过程和生产过程存在
一定差异，因而，往往在特定行业中份额也有所不同。

1993—2011 年，中国加工品出口总额由 265.5 亿美元上升到 4277.5
亿美元，增长了 15.1 倍，其在中间产品出口所占比重由 79.6% 下
降到 55.1%；零部件出口则由 68.2 亿美元上升到 3491.9 亿美元，
占比由 20.4% 上升到 44.9%。这表明 20 世纪 90 年代初以来，中国
外包结构明显优化，另外，也表明中国外包企业在全球价值链的地
位有所上升和改善。

（二）分行业外包

1993—2011 年，各行业出口总额均迅猛增长。其中，通用设备
制造业增长速度最快，18 年增长了 63.5 倍；交通运输设备制造业、
金属制造业、电气电子设备制造业及仪器仪表制造业等重工业增长
也超过了 20 倍（见表 4-10）。

表 4-10　　1993 年、2011 年分行业中国制造业出口及外包

单位：亿美元

	出口总额		中间产品出口		加工品出口		零部件出口	
	1993 年	2011 年	1993 年	2011 年	1993 年	2011 年	1993 年	2011 年
纺织业	399.2	2318.2	81.09	504.9	80.98	498.93	0.11	5.97
木材/造纸/印刷	194.6	1236.9	17.01	420.1	15.19	271.14	1.82	148.97
石油加工及炼焦业	41.3	197.9	10.5	154.9	10.5	154.95	0	0
化学制造业	82.9	1554.9	56.73	1254.4	56.73	1254.43	0	0
非金属矿物制造业	31.4	389.2	9.21	269.7	9.21	269.69	0	0
金属制造业	59.3	1597.8	38.82	1344.2	37.55	1305.12	1.27	39.06
通用设备制造业	56.9	3671	24.04	1087.7	0.71	6.36	23.33	1081.39
交通运输设备制造业	15.5	601.8	4.12	277.5	0	0	4.12	277.45
电气电子设备制造业	228.8	5412.5	55.82	2138.8	18.83	236.81	36.99	1901.96
仪器仪表制造业	16.9	374.2	2.72	119.8	2.21	85.65	0.51	34.13

1993 年，中间产品出口规模最大的行业是纺织业、化学制造业、电气电子设备制造业及金属制造业。2011 年，中间产品出口规模最大的行业是电气电子设备制造业、化学制造业、金属制造业及通用设备制造业四个行业。并且，从增长速度看，交通运输设备制造业增速最快，为 66.4 倍；通用设备制造业、仪器仪表制造业增长超过 40 倍，电气电子设备制造业及金属制造业增长也超过 30 倍。这表明，这些行业不仅外包规模大，而且扩张速度也非常快。

在所有行业中，中间产品占出口总额比重最高主要有金属制造业、化学制造业、石油加工及炼焦业、非金属制造业等。2011 年，这些行业中间产品占出口总额比重均高于 50%，金属制造业及化学制造业超过 80%。占比最小的行业是纺织业，而且变化很小，一直为 20% 左右。此外，除了通用设备制造业，其他行业中间产品比重均有所增长，其中，增长最快的行业是木材/造纸/印刷业和石油加工及炼焦业，分别增长了 1.9 倍和 2.1 倍。这显示出，大部分中国外包水平呈现出上升趋势。

从不同类别中间产品出口来看：在所有行业中，仪器仪表制造业和金属制造业加工品出口增长最快，超过 30 倍；通用设备制造业、纺织业增长相对较慢，1993—2011 年间，出口规模增长不到 10 倍。此外，在纺织业和金属制造业中间产品出口中，加工品所占比重很大，超过 95%。交通运输设备制造业、仪器仪表制造业零部件出口增长超过 60 倍，电气电子设备制造业和通用设备制造业增长超过 45 倍。[①] 这表明，在所有行业中，流程制造业零部件出口增长更为显著，其增长速度也远远快于离散制造业。从零部件占中间产品出口占比看，通用设备制造业超过 97%；电气电子设备制造业占比不断上升，由 1993 年的 66.3% 增加到 2011 年的 88.9%。

值得注意的是，仪器仪表制造业零部件出口占比相对较低，

---

① 石油加工及炼焦业、化学行业及非金属矿物行业等行业所使用的中间产品均为加工品，因而，加工品占其中间产品出口比重均为 100%，而交通运输设备行业所有中间产品均为零部件，因此，零部件出口占其中间产品出口比重的 100%。

1993—2005 年间，其比重在 16%—20% 波动，2005 年以后明显上升，2011 年，该比重为 28.5%。这显示出，在零部件生产技术含量较高的仪器仪表制造业，中国处于比较劣势，国际竞争力较差，因而，整体出口及外包仍然处于较低水平。

总的看来，由于行业特征存在明显差异，大多数流程制造业产品主要为加工品，其加工品出口及外包比重较大；而大多数离散制造业产品（仪器仪表制造业除外）则以零部件为主，因而零部件出口及外包比重较大。[①]

（三）不同来源国外包

多年以来，美国、日本一直作为中国最主要的贸易伙伴。与此同时，这两个国家也是中国外国直接投资及外包业务的主要来源国。因此，分别对来源于美国、日本的外包规模进行统计和测算。

1. 美国外包

（1）总体外包。1993—2011 年，中国制造业对美国出口总额由 334.3 亿美元上升到 3835.2 亿美元，增长了 10.5 倍（见表 4 - 11）。其占中国制造业出口总额比重一直高于 20%（除 2011 年），由 22.2% 最高上升到 1999 年的 34%，此后，呈现出下降趋势，2011 年，该比重降至 19.6%。

在此期间，中间产品对美国出口由 45.7 亿美元上升到 1013.6 亿美元，增长了 21.2 倍，占中国对美国制造业出口总额比重由 13.7% 上升到 26.4%，增长了近 1 倍。其在中国中间产品出口总额

---

① 按照企业不同生产调度及管理方式，行业可分为流程生产行业和离散行业。离散制造（Discrete Manufacturing）的产品生产通常可以分解为很多加工任务逐步完成。一般包括零部件加工、零部件装配等生产工序。由于其生产过程不是连续的，各个阶段、各个工序之间存在明显的停顿及等待时间，因此，称为离散制造。根据其生产具体内容，还可以进一步分为离散加工型行业及离散装配型行业。其代表行业包括机械制造、电子电器、机电仪器设备、光学仪器设备、汽车制造等。这类行业的产品生产往往可以分离，既可以进行批量生产，也可以单件小批生产。流程制造（Flow Manufacturing）行业主要采用按库存、批量、连续的生产方式。在其生产过程中，原材料不断经过加工，各生产工序之间是连续、自动衔接。在其生产中，通常一批产品不可分，并且，成品往往也不可分离。其典型行业有医药、石油化工、食品饮料、钢铁制造、能源、水泥等。

比重则由 13.7% 最高升至 2011 年的 26.4%。

表 4 – 11　　　　1993—2011 年中国制造业对美国出口及外包

单位：亿美元、%

年份	出口总额	中间产品出口及占对美国出口总额比重		加工品出口及占对美国中间产品出口比重		零部件出口及占对美国中间产品出口比重	
1993	334.31	45.7	13.7	33.38	73.0	12.32	27.0
1994	410.36	63.37	15.4	42.55	67.1	20.81	32.8
1995	481.26	84.79	17.6	54.19	63.9	30.61	36.1
1996	539.71	100.12	18.6	61.02	60.9	39.1	39.1
1997	652.92	128.03	19.6	75.91	59.3	52.12	40.7
1998	743.51	154.86	20.8	88.96	57.4	65.9	42.6
1999	1185.11	254.48	21.5	155.45	61.1	99.04	38.9
2000	1064.70	237.54	22.3	132.65	55.8	104.88	44.2
2001	1081.51	240.38	22.2	133.64	55.6	106.75	44.4
2002	1320.70	289.54	21.9	157.88	54.5	131.67	45.5
2003	1614.29	353.65	21.9	190.27	53.8	163.38	46.2
2004	2081.52	500.63	24.1	264.14	52.8	236.49	47.2
2005	2569.34	628.37	24.5	337.71	53.7	290.66	46.3
2006	3022.87	793.49	26.2	429.31	54.1	364.17	45.9
2007	3116.91	819.1	26.3	446.04	54.5	373.06	45.5
2008	3263.34	908.79	27.8	528.3	58.1	380.49	41.9
2009	2839.21	678.1	23.9	365.09	53.8	313	46.2
2010	3497.53	870.95	24.9	442.22	50.8	428.74	49.2
2011	3835.18	1013.55	26.4	514.1	50.7	499.45	49.3

　　其中，中国对美国加工品出口由 33.4 亿美元上升到 514.1 亿美元，增长了 14.4 倍，占中国对美国中间产品出口比重由 73% 下降到 50.7%，低于中国整体加工品出口占中间产品比重，表明中国对美国制造业出口及外包的产品结构相对优于中国整体。

　　1993—2011 年，中国对美国零部件出口由 12.3 亿美元上升到

499.5 亿美元，增长 39.5 倍，在中间产品出口占比由 27% 上升到 49.3%，显示出中国对美国制造业出口及外包在相应全球价值链的长度有所延伸，地位有所提高。

（2）分行业外包。1993 年，纺织业、木材/造纸/印刷是中国对美国出口规模最大的行业。2011 年，电气电子设备制造业、通用设备制造业出口规模最大。在此期间，大部分行业对美国出口呈现快速的增长态势。其中，通用设备制造业增长速度最快，增长 66.6 倍；其次是交通运输设备制造业，增长 27.6 倍；纺织业、木材/造纸/印刷业等轻工业增长相对缓慢，约为 5 倍；石油加工及炼焦业增长最慢，仅为 42%（见表 4-12）。

表 4-12 1993 年、2011 年分行业中国制造业对美国出口及外包

单位：亿美元

	出口总额		中间产品出口		加工品出口		零部件出口	
	1993 年	2011 年	1993 年	2011 年	1993 年	2011 年	1993 年	2011 年
纺织业	67.09	410.92	3.86	30.88	3.85	30.20	0.01	0.68
木材/造纸/印刷	62.12	321.92	2.34	77.13	2.06	45.65	0.28	31.48
石油加工及炼焦业	2.55	3.63	0.13	2.93	0.13	2.93	0	0
化学制造业	16.91	235.30	7.90	161.67	7.90	161.67	0	0
非金属矿物制造业	5.83	59.47	1.36	38.73	1.36	38.73	0	0
金属制造业	10.42	208.27	5.57	139.06	5.31	129.99	0.25	9.07
通用设备制造业	12.98	877.89	5.29	207.88	0.17	1.05	5.12	206.82
交通运输设备制造业	3.37	96.48	1.09	72.53	0	0	1.09	72.53
电气电子设备制造业	54.79	982.80	10.36	225.05	4.87	50.78	5.49	174.28
仪器仪表制造业	4.35	52.62	0.41	13.84	0.34	9.97	0.07	3.86

从各行业对美国出口占中国出口总额比重来看，除通用设备制造业、纺织业稍有增长以外，其他行业对美国出口占中国出口总额比重均有所降低，流程制造业下降尤为明显。这也表明，虽然中国行业对美国整体出口规模不断扩大，但是大部分行业对美国比较优势不断削弱，从而在中美双边贸易中的地位有所下降。

从中间产品看，电气电子设备制造业、金属制造业及通用设备制造业是对美国出口规模最大的行业。在所有行业中，交通运输设备制造业出口增长最快，为65.5倍；通用设备制造业、仪器仪表制造业增长超过30倍。从对美国中间产品占中国出口总额比重来看，最高的行业主要是交通运输设备制造业，超过1/4，通用设备制造业约为1/5。表明这两个行业美国外包在中国总体外包中占有十分重要的地位。从中间产品出口占中国对美国出口总额比重看，2011年，石油加工及炼焦业、交通运输设备制造业、化学制造业、非金属制造业及金属制造业均超过60%。其中，中间产品比重增长最快的行业是石油加工及炼焦业，增长了14.8倍；相反，通用设备制造业比重则有所下降。此外，其他行业对美国中间产品出口占中国中间产品出口总额比重均有所降低，流程制造业比重下降尤为明显。这表明，虽然中国各行业的整体外包水平不断上升，但是，美国重工业的外包活动却有所下降。

从加工品出口看，1993年，规模最大的行业是金属制造业和电气电子设备制造业；2011年，出口规模最大的是化学制造业和金属制造业。在1993—2011年，出口扩张最快的是仪器仪表制造业和非金属制造业，增幅超过25倍。然而，除石油加工及炼焦业以外，其他行业增长速度均低于中国平均增长水平。这也表明中国大部分行业美国加工品的外包增长水平相对较低。

从零部件出口看，通用设备制造业及电气电子设备制造业规模最大。此外，从各行业零部件出口占中国美国中间产品出口比重看，通用设备制造业最高，2011年，为99.5%。并且，除交通运输设备制造业以外，所有行业该比重均呈现出上升趋势，这表明中国美国零部件外包水平呈现显著上升趋势。

2. 日本外包

（1）总体外包。1993—2011 年，中国制造业对日本出口总额由 203.7 亿美元上升到 1725 亿美元，增长了 7.5 倍（见表 4-13）。其占中国制造业出口总额比重由 13.5% 最高上升至 1996 年峰值的 16.4%，此后一直下降至 8.8%。

表 4-13　　　1993—2011 年中国制造业对日本出口及外包

单位：亿美元、%

年份	出口总额	中间产品出口及占对日本出口总额比重		加工品出口及占对日本中间产品出口比重		零部件出口及占对日本中间产品出口比重	
1993	203.73	36.36	17.8	29.9	82.2	6.45	17.7
1994	273.85	51.07	18.6	40.87	80.0	10.2	20.0
1995	358.88	79.96	22.3	61.85	77.4	18.11	22.6
1996	402.46	87.54	21.8	60.26	68.8	27.28	31.2
1997	416.56	103.89	24.9	68.84	66.3	35.05	33.7
1998	368.99	92.09	25.0	57.09	62.0	35.01	38.0
1999	425.6	104.14	24.5	63.08	60.6	41.06	39.4
2000	546.57	139.46	25.5	81.64	58.5	57.81	41.5
2001	573.87	145.4	25.3	80.88	55.6	64.53	44.4
2002	613.48	163.35	26.6	87.87	53.8	75.48	46.2
2003	748.89	211.16	28.2	115.26	54.6	95.9	45.4
2004	935.89	298.22	31.9	162.81	54.6	135.42	45.4
2005	1076.81	360.26	33.5	191.89	53.3	168.36	46.7
2006	1175.85	412.74	35.1	218.69	53.0	194.05	47.0
2007	1187.07	430.03	36.2	239.2	55.6	190.83	44.4
2008	1329.47	504.43	37.9	287.47	57.0	216.96	43.0
2009	1142.98	357.33	31.3	192.85	54.0	164.48	46.0
2010	1426.18	493.69	34.6	266.38	54.0	227.31	46.0
2011	1724.97	602.41	34.9	359.76	59.7	242.66	40.3

在此期间，中间产品日本出口由 36.4 亿美元上升到 602.4 亿美元，增长了 15.6 倍，占中国对日本制造业出口总额比重由 17.8% 上升到 34.9%，增长约一倍。其在中国中间产品出口总额比重则由 11.3% 最高升至 1995 年的 13.5%，最后降至 2011 年的 13%，低于其占中国出口总额的比重。

其中，中国对日本加工品出口由 29.9 亿美元上升到 359.8 亿美元，增长了 11.3 倍，占中国对日本中间产品出口比重由 82.2% 下降到 59.7%，高于中国整体加工品出口在中间产品的比重。这显示出，虽然中国对日本制造业出口及外包的产品结构明显得到改善，但是其优化程度低于中国整体水平。

中国对日本零部件出口由 6.5 亿美元上升到 242.7 亿美元，增长 36.6 倍，在中间产品出口占比由 17.7% 上升到 40.3%。这表明，中国对日本制造业出口及外包在全球价值链的地位有所提升。

（2）分行业外包。1993 年，纺织业是中国对日本出口规模最大的行业。2011 年，电气电子设备制造业出口规模最大。在此期间，除石油加工及炼焦业以外，其他中国行业对日本出口均较快增长。其中，通用设备制造业增长速度最快，增长 93.7 倍；其次是交通运输设备制造业，增长 58.9 倍；仪器仪表制造业、电气电子设备制造业等制造业出口增长也超过 30 倍。这表明离散制造业对日本出口增长速度最快（见表 4-14）。与此同时，从各制造业对日本出口占中国出口总额比重来看，与美国出口明显不同，除化学制造业比重稍有上升以外，其他大部分流程制造业对日本出口比重下降。与之相反，所有离散制造业对日本出口占比均有所上升。这也显示出近年来中国对日本出口产品结构有所优化。

1993 年，纺织业和化学制造业是中国对日本中间产品出口规模最大的行业；2011 年，则是电气电子设备制造业和化学制造业出口最多。在所有行业中，交通运输设备制造业、仪器仪表制造业出口增长最快，均超过 60 倍。从中间产品出口占中国出口总额比重来看，1993 年比重最高的行业是非金属制造业，为 28.9%；2011 年比重最高的行业为仪器仪表制造业，为 11.7%。除交通制造业和仪器仪表制造业以外，其他行业在中国出口总额中的比重均有所下降。从中间产品出口占中国对日本出口总额比重看，2011 年，金属制造业、化学制造业均超过 80%；交通运输设备制造业、非金属制造业则超过 60%。其中，中间产品比重增长最快的行业是石油加工及炼焦业，增长了 4.4 倍。然而，纺织业、化学制造业、通用设备制造业及电气电子设备制造业比重则均下降，通用设备制造业比重下降尤为明显，表明在这些行业日本对中国的外包水平有所下降。

表 4-14　1993 年、2011 年分行业中国制造业对日本出口及外包

单位：亿美元

	出口总额		中间产品出口		加工品出口		零部件出口	
	1993 年	2011 年	1993 年	2011 年	1993 年	2011 年	1993 年	2011 年
纺织业	74.11	306.08	7.01	20.63	7.00	20.12	0.00	0.51
木材/造纸/印刷	18.47	100.10	2.33	31.93	2.31	29.70	0.02	2.23
石油加工及炼焦业	21.61	19.07	1.82	8.63	1.82	8.63	—	—
化学制造业	8.08	166.71	7.21	140.89	7.21	140.89	—	—
非金属矿物制造业	5.81	33.58	2.66	22.44	2.66	22.44	—	—
金属制造业	6.49	111.24	5.84	99.86	5.74	97.26	0.10	2.60
通用设备制造业	2.76	261.30	1.87	79.65	0.02	0.37	1.85	79.27
交通运输设备制造业	0.58	34.76	0.29	21.63	—	—	0.29	21.63
电气电子设备制造业	13.03	423.63	5.10	145.87	0.93	12.77	4.17	133.10
仪器仪表制造业	0.76	35.72	0.21	13.97	0.20	11.13	0.02	2.84

从加工品出口看，1993 年，规模最大的行业是化学制造业和纺

织业；2011 年，规模最大的是化学制造业和金属制造业。在1993—2011 年，出口扩张最快的是仪器仪表制造业，增幅近55 倍，然而，出口规模并不大。此外，通用设备制造业、电气电子设备制造业及仪器仪表制造业对日本加工品出口增长速度均快于中国平均增长水平，表明离散制造业日本加工品的外包增长水平相对较高。

从零部件出口看，电气电子设备制造业规模最大。此外，从各行业零部件出口占中国对日本中间产品出口比重看，除交通运输设备制造业以外，通用设备制造业最高。同时，所有行业比重均上升，这表明中国对日本零部件外包水平也有所提高。

第三节 中国外包企业升级测度

一 基于加工贸易数据的外包企业升级测度

（一）出口竞争力测度

1. 出口竞争力指数

为了考察特定时期一国一个行业/产品在国际市场的竞争程度，引入出口竞争力系数 TSC（Trade Specialization Coefficient）。该系数通过衡量一国某个行业/产品对外贸易进出口差额间接衡量该国出口商品的竞争力和比较优势。具体公式为：

$$TSC_j = \frac{EX_j - IM_j}{EX_j + IM_j} \qquad (4-1)$$

其中，EX 为行业或产品 j 的出口额，IM 为相应的进口额。可以看出，指数 TSC 取值范围介于 1— -1 间。一般认为，如果 TSC > 0，可认为该类产品具有竞争力或比较优势；如果 TSC < 0，则表示该类产品缺乏竞争力或处于比较劣势；如果 TSC = 0，则称该行业或产品为中性竞争力或中性比较优势。经验研究结果表明，还可以通过更为明确的标准对某个行业或产品对外竞争力的强弱进行进一步的划分。

当 $TSC > 0.8$ 时，可认为该行业或产品具有极强的比较优势和出口竞争力；当 $0.8 < TSC < 0.5$ 时，该行业或产品具有较强的比较优势；当 $0 < TSC < 0.5$ 时，行业或产品具有较弱的比较优势；当 $-0.25 < TSC < 0$ 时，该行业或产品具有较弱的比较劣势；当 $-0.5 < TSC < -0.25$ 和 $TSC < -0.5$ 时，该行业或产品分别具有较强的比较劣势和极强的比较劣势。

2. 中国总体出口竞争力测度

根据国际贸易标准分类 HS 商品分类，中国商品分为 22 类 98 章，其中行业包括从第六类到第二十类的 15 大类共 68 章产品。① 由于 HS 商品的贸易数据仅限于制成品进出口，因此，通过不同行业出口竞争力指数测算出中国各制造业出口竞争力程度，进而考察其在国际市场及全球价值链上的地位（见表 4 - 15）。

根据计算结果可以看出，中国各制造行业出口竞争力指数存在较大差异，表明其出口竞争力也明显不同：出口竞争力程度最高的是鞋帽行业（第十二大类产品），其出口竞争力指数一直大于 0.9，表明中国该行业在国际市场上具有相当突出的竞争优势。纺织行业（第十一类产品）和非金属矿物制品业（第十三类产品）两类行业出口竞争力指数也较高。并且，近年来呈持续上升趋势，尤其是纺织行业的出口竞争力系数在 0.7 以上。这表明纺织、鞋帽等劳动力密集型行业一直是中国的比较优势行业，而且优势相对显著。饰品（第十四类产品）、机电行业（第十六类产品）和运输机械行业（第十七类产品）出口竞争力指数在 0—0.5。其中，机电行业的出口竞争力指数从 20 世纪末的负值上升到 21 世纪初的正值，近年来达到 0.2 左右，说明该行业的国际竞争力不断提升；运输机械行业的出口竞争力指数有较为明显的波动，从 20 世纪末期的正值变为 21 世纪初的负值，2004 年后又上升为正值，2008 年达到 0.28 的峰值，此后又逐渐有所下降，说明该行业的国际竞争力不够稳定。其他

———————

① 删除行业及外包特征不显著的第四类、第十九类及第二十类制成品。

表4-15 1998—2011年按大类划分的出口竞争力指数

类别\年份	1998	1999	2000	2001	2002	2003	2004	2005	2006	2007	2008	2009	2010	2011
第六类	-0.07	-0.23	-0.22	-0.20	-0.25	-0.26	-0.27	-0.23	-0.20	-0.15	-0.06	-0.12	-0.11	-0.10
第七类	-0.30	-0.35	-0.35	-0.35	-0.33	-0.33	-0.32	-0.25	-0.22	-0.20	-0.19	-0.24	-0.24	-0.17
第九类	-0.04	-0.15	-0.17	-0.09	-0.08	-0.03	0.07	0.14	0.21	0.17	0.17	0.12	0.00	-0.09
第十类	-0.58	-0.64	-0.58	-0.55	-0.52	-0.48	-0.46	-0.37	-0.27	-0.22	-0.25	-0.22	-0.24	-0.22
第十一类	0.48	0.50	0.50	0.51	0.55	0.58	0.59	0.64	0.69	0.73	0.76	0.76	0.74	0.73
第十二类	0.93	0.93	0.93	0.93	0.94	0.94	0.94	0.94	0.94	0.94	0.93	0.94	0.94	0.93
第十三类	0.47	0.45	0.39	0.38	0.45	0.45	0.48	0.57	0.60	0.61	0.65	0.66	0.61	0.61
第十四类	0.26	0.10	0.02	0.42	0.36	0.28	0.25	0.23	0.20	0.13	0.06	0.07	0.07	0.30
第十五类	0.01	-0.09	-0.11	-0.15	-0.16	-0.22	-0.05	0.00	0.18	0.20	0.29	-0.06	0.04	0.10
第十六类	-0.08	-0.10	-0.08	-0.06	-0.04	-0.01	0.03	0.09	0.12	0.16	0.20	0.19	0.18	0.18
第十七类	0.07	0.05	0.19	-0.03	-0.04	-0.06	0.04	0.18	0.13	0.22	0.28	0.17	0.15	0.14
第十八类	0.14	0.08	0.02	-0.11	-0.20	-0.33	-0.37	-0.29	-0.26	-0.27	-0.25	-0.23	-0.24	-0.22

产品所在行业出口竞争力指数则均为负值，表明这些行业是中国的比较劣势行业。其中，劣势最为明显的造纸行业（第十类产品）和技术附加值较高的光学、精密仪器（第十八类产品）行业，出口竞争力指数从最初的正值变为负值，在2004年达到-0.37的绝对峰值，表明中国该行业国际竞争力较弱，并且呈现下降的趋势。

基于各行业出口竞争力指数，将各行业按其比较优势/劣势进行分类（见表4-16）。结论显示，中国出口竞争力最强，即出口竞争力最强的行业主要是轻纺工业；机电行业、运输设备行业虽然拥有比较优势，但优势较弱；光学、医疗等精密仪器及部分化工行业则呈现出比较劣势。

表4-16 按大类划分的行业比较优势/劣势

TSC 数值范围		比较优势/劣势		商品分类（行业）
TSC > 0	0.8 < TSC < 1	比较优势	极强	鞋、帽、伞、杖、鞭及其零件；已加工的羽毛及其制品；人造花；人发制品
	0.8 < TSC < 0.5		较强	纺织原料及纺织制品，石料、石膏、水泥、石棉、云母及类似材料的制品；陶瓷产品；玻璃及其制品
	0 < TSC < 0.5		较弱	天然或养殖珍珠、宝石或半宝石、贵金属，包括贵金属及其制品；仿首饰；硬币，贱金属及其制品，机器、机械器具、电气设备及其零件；录音机及放声机、电视图像、声音的录制和重放设备及其零件、附件，车辆、航空器、船舶及有关运输设备
TSC < 0	-0.25 < TSC < 0	比较劣势	较弱	化学工业及其相关工业的产品，光学、照相、电影、计量、检验、医疗或外科用仪器及设备、精密仪器及设备；钟表；乐器；上述物品的零件、附件
	-0.5 < TSC < -0.25		较强	塑料及其制品；橡胶及其制品，木浆及其他纤维状纤维素浆；回收（废碎）纸或纸板；纸、纸板及其制品
	TSC < -0.5		极强	—

通过对中国行业各大类产品数据细分，考察其出口竞争力进行水平（见表4-17），可以进一步得出：服装、鞋帽、玩具、家具等产品的确是近年来中国具有比较优势的产品；钢铁制品、轨道机车、乐器等产品国际竞争力也比较强；电机电气设备及钟表在国际市场上也具有一定的竞争优势。同时，中国汽车、光学仪器、精密仪器等资本、技术密集型行业在国际上都处于相对劣势地位，而航空、航天器这一技术高端行业劣势则更为明显。

表4-17　　　　　　　　按章分类的出口竞争力指数

商品分类	2007 年	2008 年	2009 年	2010 年	2011 年
有机化学品	-0.30	-0.15	-0.20	-0.21	-0.23
塑料及其制品	-0.26	-0.24	-0.31	-0.29	-0.21
橡胶及其制品	0.03	-0.01	0.01	-0.06	-0.05
皮革制品；箱包及类似容器等制品	0.93	0.92	0.91	0.90	0.88
纸及纸板；纸浆、纸或纸板制品	0.25	0.28	0.32	0.35	0.44
针织物及钩编织物	0.42	0.47	0.50	0.57	0.63
针织或钩编的服装及衣着附件	0.97	0.97	0.98	0.98	0.97
非针织或非钩编的服装及衣着附件	0.96	0.95	0.96	0.95	0.93
其他纺织制品；成套物品；旧纺织品	0.97	0.97	0.97	0.97	0.96
鞋靴、护腿和类似品及其零件	0.94	0.93	0.94	0.94	0.93
珍珠宝石、贵金属及其制品；仿首饰；硬币	0.13	0.06	0.07	0.07	0.30
钢铁	0.27	0.37	-0.35	0.07	0.17
钢铁制品	0.64	0.64	0.58	0.62	0.67
铜及其制品	-0.67	-0.65	-0.78	-0.81	-0.78
铝及其制品	0.26	0.35	0.05	0.25	0.31
核反应堆、锅炉、机器、机械器具及其零件	0.30	0.32	0.31	0.29	0.28
电机电气设备；录音机音像录制设备及零附件	0.08	0.12	0.11	0.11	0.12
铁道机车车辆及其零附件；机械通信号设备	0.74	0.75	0.29	0.63	0.76
车辆及其零附件，但铁道及电车道车辆除外	0.18	0.19	-0.01	-0.13	-0.14
船舶及浮动结构体	0.85	0.88	0.84	0.92	0.91
光学医疗外科用仪器及设备精密仪器及设备	-0.30	-0.28	-0.27	-0.27	-0.24
家具；寝具；灯具；发光标志；活动房屋	0.93	0.93	0.91	0.89	0.91
玩具、游戏品、运动用品及其零件、附件	0.91	0.93	0.93	0.93	0.92

　　根据商品（行业）更为细化的出口竞争力指数分类，对各行业的比较优势/劣势进行划分，从而可以更清晰地体现中国行业在国际市场上的竞争地位（见表4-18）。

表4-18　　　　　　　　按章分类的行业比较优势/劣势

TSC 数值范围		比较优势/劣势		商品分类（行业）
TSC>0	0.8 < TSC < 1	比较优势	极强	皮革制品；箱包及类似容器等制品，针织或钩编的服装及衣着附件，非针织或非钩编的服装及衣着附件，其他纺织制品；成套物品；旧纺织品，鞋靴、护腿和类似品及其零件，船舶及浮动结构体，家具；寝具；灯具；发光标志；活动房屋，玩具、游戏品、运动用品及其零件、附件
	0.8 < TSC < 0.5		较强	钢铁制品，铁道机车车辆及其零附件；机械通信号设备
	0 < TSC < 0.5		较低	珍珠宝石、贵金属及其制品；仿首饰；硬币，钢铁，铝及其制品，核反应堆、锅炉、机器、机械器具及其零件，电机电气设备；录音机音像录制设备及零附件，车辆及其零附件，但铁道及电车道车辆除外
TSC<0	-0.25 < TSC < 0	比较劣势	较低	钢铁，光学医疗外科用仪器及设备精密仪器及设备，光学医疗外科用仪器及设备精密仪器及设备，橡胶及其制品
	-0.5 < TSC < -0.25		较强	塑料及其制品
	TSC < -0.5		极强	铜及其制品

　　通过对比表4-16和表4-18，可以得出较为一致的结论。然而，也有部分产品由于行业划分更为细致，测算得出的比较优势/劣势有所不同。例如，当产品及行业以大类进行划分时，船舶行业比较优势较弱。但当以种类划分更细的章进行分类时，则体现出极

强的比较优势。此外，以大类进行划分，没有产品和行业存在极强的比较劣势。而以章进行分类时，贱金属制成品中的"铜及其制品"则表现出极强的比较劣势。

3. 中国加工贸易出口竞争力测度

采用加工贸易数据，构建加工贸易出口竞争力指数，对中国外包行业在国际市场的影响和地位进行测度，具体公式为：

$$EMP_j = \frac{EXp_j}{EX_j} \tag{4-2}$$

其中，EMP_j 为行业 j 的加工贸易出口竞争力指数，EX_p 表示该行业加工贸易的出口额，该指数实际表示行业 j 中加工贸易出口占行业总出口额的比重。指数取值范围为 [0, 1]，所得指数越大，表示该行业或产品生产中企业参与国际市场的竞争力越高，反之亦然（见表 4-19）。

根据加工贸易出口竞争力指数的取值范围，可以将所有产品（行业）划分为四大类（见表 4-20）。其中，加工贸易出口竞争力极高的是船舶及浮动结构体、铁道机车车辆及其零附件、各种机械通信号设备两个行业。其中竞争力最高的产品是船舶及浮动结构体、铁道机车车辆及其零附件，其 95% 的出口产品均为加工贸易方式出口。其余大部分机电行业加工贸易出口竞争力指数较高，竞争力指数在 [0.8, 1] 的行业。此外，轻纺工业则竞争力普遍较低。

结合上面测算得到的出口竞争力指数，可以直观得出，尽管各行业的比较优势及外包优势地位之间存在一定的相关性，但是，相关性并不高，这主要体现在：一些传统的比较优势极强产品加工贸易出口竞争力指数较低，与之对应的是，比较优势较弱甚至存在比较劣势的一些行业却拥有较高的加工贸易出口竞争力。这一方面与行业的外包特征有关，另一方面也体现出一些行业虽然具有加工贸易出口竞争力，但其竞争力在相当程度上是建立在其进口零部件等中间产品上，因此，实际上并不具备真正的比较优势。

表 4 - 19　　　　　中国加工贸易出口竞争力指数

商品分类（行业）	2007 年	2008 年	2009 年	2010 年	2011 年
有机化学品	0.16	0.16	0.14	0.14	0.14
塑料及其制品	0.55	0.52	0.47	0.44	0.40
橡胶及其制品	0.79	0.80	0.80	0.75	0.74
皮革制品；箱包及类似容器等制品	0.31	0.27	0.25	0.21	0.17
纸及纸板；纸浆、纸或纸板制品	0.55	0.51	0.51	0.47	0.43
针织物及钩编织物	0.44	0.35	0.34	0.28	0.25
针织或钩编的服装及衣着附件	0.13	0.14	0.14	0.12	0.11
非针织或非钩编的服装及衣着附件	0.30	0.28	0.27	0.24	0.23
其他纺织制品；成套物品；旧纺织品	0.18	0.14	0.13	0.13	0.11
鞋靴、护腿和类似品及其零件	0.37	0.35	0.33	0.31	0.27
珍珠宝石、贵金属及其制品；仿首饰；硬币	0.58	0.60	0.59	0.74	0.86
钢铁	0.07	0.05	0.08	0.07	0.09
钢铁制品	0.14	0.10	0.13	0.12	0.11
铜及其制品	0.64	0.58	0.62	0.62	0.51
铝及其制品	0.16	0.15	0.19	0.18	0.16
核反应堆、锅炉、机器、机械器具及其零件	0.74	0.69	0.70	0.69	0.65
电机电气设备；录音机音像录制设备及其零附件	0.77	0.73	0.71	0.67	0.65
铁道机车车辆及其零附件；各种机械通信号设备	0.93	0.89	0.76	0.87	0.84
车辆及其零附件，但铁道及电车道车辆除外	0.24	0.23	0.23	0.21	0.19
船舶及浮动结构体	0.90	0.89	0.94	0.96	0.95
光学医疗或外科用仪器及设备、精密仪器及设备	0.74	0.72	0.70	0.69	0.67
家具；寝具；灯具；发光标志；活动房屋	0.28	0.24	0.21	0.19	0.17
玩具、游戏品、运动用品及其零件、附件	0.66	0.68	0.63	0.57	0.56

表 4 –20   按章分类的中国加工贸易出口竞争力指数

EMP 取值范围		商品分类（行业）
加工贸易程度极高	$0.8 < EMP < 1$	船舶及浮动结构体，铁道机车车辆及其零附件；各种机械通信号设备
加工贸易程度较高	$0.8 < EMP < 0.5$	珍珠宝石、贵金属及其制品；仿首饰；硬币，橡胶及其制品，铜及其制品，核反应堆、锅炉、机器、机械器具及其零件，电机电气设备；录音机音像录制设备及其零附件，光学医疗或外科用仪器及设备、精密仪器及设备，玩具、游戏品、运动用品及其零件、附件
垂直专业化水平较低	$0.25 < EMP < 0.5$	塑料及其制品，针织物及钩编织物，非针织或非钩编的服装及衣着附件，鞋靴、护腿和类似品及其零件
加工贸易程度极低	$0 < EMP < 0.25$	皮革制品；箱包及类似容器等制品，针织或钩编的服装及衣着附件，其他纺织制品；成套物品；旧纺织品，钢铁，钢铁制品，铝及其制品，车辆及其零附件，但铁道及电车道车辆除外，家具；寝具；灯具；发光标志；活动房屋

与此同时，由于中国绝大部分行业的加工贸易出口竞争力呈现出逐年下降的趋势，反映出随着中国行业在世界市场分工地位及全球价值链位置的变化：一方面，加工贸易在许多行业仍然占有十分重要的地位；另一方面，虽然中国外包企业承接的加工装配业务所占比重不断减少，导致中国"世界工厂"地位有所削弱，但实际上体现出中国外包企业通过减少低附加值的生产环节，从而逐步向中高附加值生产环节的转型和升级。

（二）外包专业化测度

本书采用加工贸易数据，建立评估中国各行业外包专业化程度的评价指标：

$$PIN_j = \frac{EX_{pj}/EX_j}{EX_p/EX} \qquad (4 - 3)$$

其中，PIN_i 表示中国行业外包专业化指数。如果该指数大于1，说明该行业加工贸易占行业出口的比重大于行业加工贸易出口值占总出口值的比重，即相对于中国行业的平均水平，该行业外包专业化趋向明显，小于1则相反。

根据式（4-3）对中国制成品的加工贸易专业化指数进行计算，结果见表4-21。

表4-21　　　　　　　　中国外包专业化指数

商品分类	2007 年	2008 年	2009 年	2010 年	2011 年
有机化学品	0.30	0.33	0.28	0.29	0.31
塑料及其制品	1.04	1.05	0.93	0.91	0.87
橡胶及其制品	1.51	1.61	1.58	1.54	1.61
皮革制品；箱包及类似容器等制品	0.60	0.56	0.50	0.43	0.37
纸及纸板；纸浆、纸或纸板制品	1.04	1.04	1.00	0.96	0.94
针织物及钩编织物	0.84	0.72	0.67	0.57	0.54
针织或钩编的服装及衣着附件	0.25	0.28	0.27	0.24	0.24
非针织或非钩编的服装及衣着附件	0.57	0.57	0.54	0.49	0.50
其他纺织制品；成套物品；旧纺织品	0.34	0.29	0.25	0.26	0.25
鞋靴、护腿和类似品及其零件	0.71	0.71	0.65	0.63	0.60
珍珠宝石、贵金属及其制品；仿首饰；硬币	1.10	1.22	1.17	1.53	1.89
钢铁	0.14	0.10	0.15	0.15	0.20
钢铁制品	0.26	0.21	0.26	0.25	0.23
铜及其制品	1.21	1.18	1.22	1.28	1.13
铝及其制品	0.31	0.30	0.37	0.36	0.35
核反应堆、锅炉、机器、机械器具及其零件	1.40	1.41	1.39	1.42	1.43
电机电气设备；录音机音像录制设备及其零附件	1.46	1.48	1.41	1.39	1.42
铁道机车车辆及其零附件；各种机械通信号设备	1.77	1.81	1.49	1.80	1.83
车辆及其零附件，但铁道及电车道车辆除外	0.46	0.46	0.45	0.44	0.41
船舶及浮动结构体	1.71	1.81	1.85	1.98	2.09
光学医疗或外科用仪器及设备、精密仪器及设备	1.40	1.46	1.39	1.42	1.47
家具；寝具；灯具；发光标志；活动房屋	0.54	0.48	0.41	0.38	0.37
玩具、游戏品、运动用品及其零件、附件	1.26	1.38	1.25	1.17	1.22

可以看出，外包专业化指数大于 1 的产品所属的行业有橡胶制造业、饰品行业、通用及专用设备制造业、电气、机械及通信设备制造业、铁路运输设备制造业、船舶制造业、仪器及仪表制造业、玩具等。其中，船舶外包指数最大，达到 2.1。这表明这些行业外包专业化程度很高，超过行业的平均外包专业化水平。其他行业指数则小于 1，表明外包专业化程度相对较低。

此外，在所有行业中，超过一半行业的外包专业化指数有所下降，还有部分行业虽然有所波动，但数值变化不大；少数行业则明显上升。这表明，不同行业外包专业化水平出现较大差异的变化趋势。

二 基于投入产出数据的外包企业升级测度

（一）垂直专业化指数

一些学者基于投入产出表数据，采用垂直专业化指标，对外包进行衡量。

令 a_{ij} 为生产一单位 j 行业产品所消耗 i 行业的进口中间品，X、Y 表示出口和产出，M、D 代表一国进口及国内生产的中间产品数量，$(M+D)$ 是该国中间产品的总投入。有 $a_{ij}=M_{ij}/Y_j$，M_{ij}、D_{ij} 分别是 j 行业产品在生产过程中所消耗的 i 行业的进口及国内生产的中间产品数量。b_{ij} 是生产一单位 j 行业产品需要 i 行业的中间产品。A 为投入产出表中的直接消耗系数矩阵，A^M 为进口消耗系数矩阵，A^D 为国内消耗系数矩阵，因此，有 $A^M+A^D=A$。A^M 和 A^D 可由以下矩阵表示：

$$A^M = \begin{Bmatrix} a_{11} & \cdots & a_{1n} \\ \vdots & \vdots & \vdots \\ a_{n1} & \cdots & a_{nn} \end{Bmatrix}, \quad A^D = \begin{Bmatrix} b_{11} & \cdots & b_{1n} \\ \vdots & \vdots & \vdots \\ b_{n1} & \cdots & b_{nn} \end{Bmatrix}$$

1. 进口中间产品占中间产品总投入比重

Feenstra 和 Hanson（1996）采用进口中间产品占非能源类原材料使用总量的比重，对美国外包进行测度。因此，将其公式总结为行业总的中间产品投入中所使用的进口中间产品的比重，j 行业的

垂直专业化水平 FH_j 可表示为：

$$FH_j = \frac{\sum\limits_{i=1}^{n} a_{ij} \cdot Y_j}{\sum\limits_{i=1}^{n} a_{ij} \cdot Y_j + \sum\limits_{i=1}^{n} b_{ij} \cdot Y_j} = \frac{\sum\limits_{i=1}^{n} M_{ij}}{\sum\limits_{i=1}^{n} (M_{ij} + D_{ij})} = \frac{M_j}{M_j + D_j}$$

$$(4-4)$$

一国或地区的总体垂直专业化水平 FH 为：

$$FH = \frac{\sum\limits_{i=1}^{n} M_{ij}}{\sum\limits_{j=1}^{n} \sum\limits_{i=1}^{n} (D_{ij} + M_{ij})} = \frac{M}{D + M} \qquad (4-5)$$

分子分母同时除以 $\sum Y_j$，得到：

$$FH = \frac{uA^M u^T}{u(A^M + A^D)u^T} \qquad (4-6)$$

2. 进口中间产品占该行业产品出口比例

Hummels 等（2001）基于垂直专业化的视角对外包进行定义。他们以一国出口总额中所包含的中间投入品数量作为衡量外包水平的指标。由于 j 行业的外包值 VS_j 可表示为 $VS_j = \sum\limits_{i=1}^{n} \frac{M_{ij}}{Y_j} \cdot X_j = \frac{M_j}{Y_j} \cdot X_j$。因此，$j$ 行业的垂直专业化水平 VSS_j 为：

$$VSS_j = \frac{VS_j}{X_j} = \frac{\sum\limits_{i=1}^{n} M_{ij}}{Y_j} = \frac{M_j/Y_j}{X_j} \cdot X_j = \frac{M_j}{Y_j} = u(a_{11}, \cdots, a_{n1})' \quad (4-7)$$

则一国或地区的总体垂直专业化水平 VSS 为：

$$VSS = \frac{VS}{X} = \frac{\sum\limits_{j=1}^{n} VS_j}{\sum\limits_{j=1}^{n} X_j} = \frac{1}{X} \sum\limits_{j=1}^{n} \sum\limits_{i=1}^{n} \left(\frac{M_{ij}}{Y_j}\right) \cdot X_j = \frac{1}{X} uA^M X^T \quad (4-8)$$

（二）中国垂直专业化指数测算

根据 VSS、FH 的公式及联合国贸易商品（UN Comtrade）数据库的相关数据，对中国垂直专业化水平进行测算，计算结果见表 4 - 22。

表 4 - 22　　　　采用 VSS、FH 测算的中国垂直专业化水平　　　　单位:%

	VSS				FH			
	2002 年	2005 年	2007 年	2010 年	2002 年	2005 年	2007 年	2010 年
纺织业	7.44	6.86	5.37	4.14	15.22	13.73	9.44	7.62
服装皮革羽绒及其制品业	7.99	7.03	5.37	4.17	14.42	12.27	8.46	6.39
木材加工及家具制造业	3.73	4.03	2.98	2.83	8.45	8.37	5.71	5.14
造纸印刷及文教用品制造业	5.75	7.04	6.74	5.64	12.21	12.87	11.07	9.17
石油加工炼焦及核燃料加工业	1.35	1.94	1.13	0.97	13.31	12.35	9.69	8.75
化学工业	6.80	7.67	7.03	5.99	13.94	15.05	12.21	10.45
非金属矿物制品业	3.54	3.85	3.02	2.65	10.69	9.89	7.14	5.75
金属冶炼及压延加工业	4.72	5.11	3.78	2.95	10.10	10.25	7.32	6.37
金属制品业	5.66	6.22	5.13	4.29	10.01	10.54	7.87	6.60
通用专用设备制造业	8.57	9.15	7.99	6.78	15.38	15.30	12.32	10.34
交通运输设备制造业	7.19	7.73	7.24	7.08	11.78	11.81	10.25	10.14
电气/机械及器械制造业	11.31	13.10	12.36	10.08	18.88	20.46	17.06	14.04
通信设备/计算机及其他电子设备制造业	10.14	10.92	6.43	7.27	15.04	14.96	8.83	10.14
仪器仪表及文化办公用机械制造业	11.26	14.61	12.22	14.49	18.46	22.42	17.65	21.42

1. 总体垂直专业化

从测算结果可以看出，尽管由于测算方法不同，使用 VSS 计算的中国垂直专业化水平数值均小于使用 FH 计算的结果。然而，两种测度方法显示的中国垂直专业化水平的变化趋势基本相同。

从总体变化趋势来看，中国外包的平均水平呈现出波动变化的过程：以 2005 年为拐点，垂直专业化水平先是上升，2005 年后开始下降，2007—2010 年则继续下降。从年均垂直专业化水平看，以 VSS 测算的垂直专业化水平由 2002 年的 6.3% 上升到 2005 年 6.9%，2007 年下降为 5.7%，2010 年继续下降到 5.2%。以 FH 测算，四年的平均垂直专业化水平则分别为 12.8%、12.9%、9.8% 和 8.9%。这表明 2005 年以后，中国行业发展对外依赖性逐渐减弱，这也从侧面反映出中国贸易方式和行业结构调整压力不断增大。

2. 行业垂直专业化

从具体行业垂直专业化水平的变化趋势看：2002—2005 年，除纺织业、服装皮革羽绒及其制品业外，其余行业的垂直专业化水平均呈现上升的趋势；2005—2007 年，所有行业的垂直专业化水平均呈现出下降趋势；2007—2010 年，除通信设备/计算机、仪器仪表及文化办公用机械行业两个行业外，其余行业的垂直专业化水平逐渐出现下降。并且除通信设备/计算机及其他电子设备行业外，其余行业 2010 年的垂直专业化水平低于 2002 年，所有行业 2010 年的垂直专业化水平均低于 2005 年的水平。

除了各行业通过 VSS 和 FH 测度所呈现的垂直专业化水平变化趋势相同以外，两种方法计算的各行业垂直专业化水平的表现也基本相同：垂直专业化水平最高的行业有电气/机械及器械制造业、仪器仪表及文化办公用机械制造业、通信设备/计算机及其他电子设备制造业，而这些行业正是主要以中国加工贸易方式进行生产和出口的行业；垂直专业化水平最低的行业包括食品制造及烟草加工业、木材加工及家具制造业、非金属矿物制品业、金属冶炼及压延加工业、造纸印刷及文教用品制造业。

值得注意的是，采用两种方法测算的石油加工炼焦及核燃料加工业的垂直专业化水平却存在较大差异：根据 *VSS* 计算的该行业垂直专业化水平在所有行业中仅高于食品制造及烟草加工业，但是采用 *FH* 计算的结果则显示其接近垂直专业化水平的平均水平。

（三）不同来源国垂直专业化

同样采用 *VSS* 和 *FH* 两种方法，对不同来源国垂直专业化水平进行测算，计算结果分别见表 4 – 23 和表 4 – 24。

表 4 – 23　　　采用 VSS 测算的不同来源国垂直专业化水平　　　单位：%

	美国				日本			
	2002 年	2005 年	2007 年	2010 年	2002 年	2005 年	2007 年	2010 年
纺织业	1.44	1.68	1.68	1.22	0.98	0.84	0.78	0.59
服装皮革羽绒及其制品业	3.94	4.36	3.64	2.91	2.90	2.57	1.88	1.48
木材加工及家具制造业	1.77	2.18	1.76	1.19	1.04	1.08	0.76	0.53
造纸印刷及文教用品制造业	5.19	5.49	5.30	3.64	1.21	1.56	1.48	0.96
石油加工炼焦及核燃料加工业	0.36	0.29	0.26	0.15	0.19	0.19	0.13	0.08
化学工业	1.67	1.74	1.54	1.13	0.73	0.83	0.74	0.54
非金属矿物制品业	1.72	1.59	1.31	0.82	0.63	0.65	0.50	0.32
金属冶炼及压延加工业	0.64	0.74	0.72	0.38	0.40	0.52	0.36	0.22
金属制品业	1.69	1.89	1.79	1.13	0.64	0.82	0.66	0.46
通用专用设备制造业	2.06	1.97	1.91	1.24	0.96	1.09	0.91	0.65
交通运输设备制造业	1.77	1.91	2.09	1.37	0.84	0.93	0.96	0.66

续表

	美国				日本			
	2002 年	2005 年	2007 年	2010 年	2002 年	2005 年	2007 年	2010 年
电气/机械及器械制造业	3.06	2.52	2.33	1.59	1.38	1.51	1.26	0.93
通信设备/计算机及其他电子设备制造业	5.43	5.58	5.09	4.63	1.94	1.93	1.47	1.91
仪器仪表及文化办公用机械制造业	6.50	6.73	8.33	7.59	3.20	3.44	3.61	3.26

表 4-24　　　采用 FH 测算的不同来源国垂直专业化水平　　　单位:%

	美国				日本			
	2002 年	2005 年	2007 年	2010 年	2002 年	2005 年	2007 年	2010 年
纺织业	2.93	3.36	2.95	2.24	2.00	1.69	1.38	1.08
服装皮革羽绒及其制品业	7.12	7.61	5.73	4.45	5.23	4.48	2.96	2.27
木材加工及家具制造业	4.00	4.52	3.37	2.16	2.36	2.24	1.46	0.97
造纸印刷及文教用品制造业	11.02	10.04	8.70	5.93	2.56	2.85	2.44	1.57
石油加工炼焦及核燃料加工业	3.56	1.87	2.22	1.37	1.85	1.24	1.15	0.68
化学工业	3.42	3.41	2.68	1.97	1.49	1.63	1.29	0.94
非金属矿物制品业	5.18	4.09	3.10	1.78	1.90	1.67	1.18	0.70
金属冶炼及压延加工业	1.38	1.48	1.40	0.82	0.85	1.04	0.70	0.48
金属制品业	2.98	3.21	2.75	1.74	1.13	1.39	1.02	0.71

续表

	美国				日本			
	2002 年	2005 年	2007 年	2010 年	2002 年	2005 年	2007 年	2010 年
通用专用设备制造业	3.69	3.29	2.95	1.90	1.72	1.83	1.40	0.98
交通运输设备制造业	2.89	2.91	2.95	1.96	1.37	1.42	1.36	0.94
电气/机械及器械制造业	5.11	3.94	3.22	2.22	2.31	2.35	1.74	1.29
通信设备/计算机及其他电子设备制造业	8.05	7.65	6.99	6.46	2.88	2.64	2.02	2.66
仪器仪表及文化办公用机械制造业	10.66	10.33	12.03	11.22	5.25	5.28	5.21	4.83

从表 4-24 中可以看出，来源于日本外包水平低于美国的外包水平，并且，相差较大。[①]

1. 美国

以两种方式测算的垂直专业化水平中，均有超过 10 个行业呈现出与表 4-23 相同的趋势，即垂直专业化水平从 2002 年开始上升，2005 年后出现下降，2007 年后则继续下降。同时，非金属矿物制品业、通用专用设备制造业、电气/机械及器械制造业等行业的垂直专业化水平始终表现出下降的趋势。

2. 日本

以两种方式测算的垂直专业化水平中，日本约有一半的行业呈现出先上升，后下降，再继续下降的趋势。纺织业、服装皮革羽绒及其制品业 2 个行业的垂直专业化水平则始终下降。此外，通信设

---

① 删除行业及外包特征不显著的第四类、第十九类及第二十类制成品。

备/计算机及其他电子设备垂直专业化水平先下降，2007 年后开始上升，到了 2010 年再下降到 2002 年或 2005 年的水平。

由此，可以认为，来源于美国、日本的垂直专业化水平总体上呈现出下降趋势，这也符合当前中国"世界工厂"地位不断受到削弱，一些国际制造企业逐渐将其外包环节向其他发展中国家进行转移的实际情况。

3. 按不同技术密集度划分的不同来源国垂直专业化

在上述分析基础上，参照 OECD 的划分标准，将所有行业按照产品技术密集度划分为高技术密集度行业、中技术密集度行业和低技术密集度行业，并根据不同技术分组的行业对来源于美国、日本的垂直专业化水平进行测算。

由此可以得出，来源于美国、日本的高、中、低技术密集度行业的垂直专业化水平总体上均呈现出下降趋势。此外，来源于美国的高、中、低技术密集度行业的外包水平均为最高，远远超过日本，这种对比在采用 *FH* 进行测度时表现得尤为明显。由此可以看出，相对而言，中国对美国的外包主要集中在高技术密集度行业，而对日本的外包更多集中在低技术密集度行业。

与此同时，不同来源国垂直专业化水平的具体表现仍然存在一定差异。以 *VSS* 方法测算时（见表 4 – 25），来源于美国的高技术密集度行业外包水平最高，其次是中技术密集度行业，最低是低技术密集度行业。而以 *FH* 方法进行测度时（见表 4 – 26），则是中技术密集度行业垂直专业化水平最低。然而，在对日本进行测度时，两种方法的测算结果则基本一致，均是高技术密集度行业的外包水平最高，其次是中技术密集度行业，低技术密集度行业最低。这表明，中国来源于美国、日本外包水平不断呈现下降趋势。此外，高技术密集度行业外包的比率大于中、低技术密集度行业，并且下降速度也慢于其他两种技术密集度行业。以美国为例，采用 *VSS* 方法测算，高技术密集度行业的垂直专业化水平 2002—2010 年下降了 23.4%，而中、低技术密集度行业分别下降了 48.6% 和 47.4%，下降速度为高技术密集度行业的约 2 倍。日本的情况与美国相似,分别下降了 29.2%、46.1% 和 54.6%。

表 4 - 25　　　　基于 VSS 的不同技术密集度行业测算的

美国、日本垂直专业化

		高技术密集度行业	中技术密集度行业	低技术密集度行业
美国	2002 年	4.36	3.27	2.32
	2005 年	5.2	3.12	2.34
	2007 年	4.52	2.56	1.91
	2010 年	3.34	1.68	1.22
日本	2002 年	1.78	1.54	1.1
	2005 年	2.02	1.56	1.03
	2007 年	1.53	1.19	0.75
	2010 年	1.26	0.83	0.5

表 4 - 26　　　　基于 FH 的不同技术密集度行业测算的

美国、日本垂直专业化水平

		高技术密集度行业	中技术密集度行业	低技术密集度行业
美国	2002 年	7.77	5.59	5.9
	2005 年	8.63	4.98	5.54
	2007 年	7.07	3.72	4.13
	2010 年	5.3	2.45	2.76
日本	2002 年	3.18	2.63	2.8
	2005 年	3.35	2.49	2.43
	2007 年	2.4	1.73	1.62
	2010 年	2	1.2	1.13

三　中国外包企业绩效测度

1. 基于劳动生产率的外包绩效指数

劳动生产率是指劳动者在一定时期内创造的劳动成果与其消耗

的劳动量的比值。劳动生产率指数是一个行业在某年内的总产值与职工人数的比率，用来衡量不同行业劳动力创造价值的效率。该指标作为考核企业经济活动的重要指标，是企业生产技术水平、经营管理水平、职工技术熟练程度和劳动积极性的综合表现，是衡量企业升级的有效指标。结合上文的衡量外包的加工出口竞争力指数，得到基于劳动生产率的外包绩效指数，其计算公式为：

$$LP_j = \frac{IN_j}{LA_j} \cdot TSC_j \qquad\qquad (4-9)$$

其中，LP 是劳动生产率，IN_j 和 LA_j 分别代表行业 j 在某年创造的总产值和就业人数。该指标表示一年内该行业每个劳动力创造的产值。

根据各行业的劳动生产率，可以得出，2011 年劳动生产率最高的行业是化纤制品业、交通运输设备制造业，其行业劳动生产率均大于 10 万元／人；其次是电气机械及器材制造业、化学制品业、通用设备制造业、专用设备制造业、电子通信设备制造业、金属及非金属制品业和橡胶制造业，年劳动生产率大于 7 万元／人；木材加工业、仪器仪表制造业、塑料制品业、纺织业、家具制造业、服装鞋帽制造业等行业劳动生产率则较低，其中，服装鞋帽行业、皮革羽绒及其制品业、文教用品制造业劳动生产率最低，为 3 万—3.5 万元／人，仅为劳动生产率最高行业的 1/4。

同时，各行业劳动生产率增长率差异很大，并且在 2003 年出现大幅下降，此后快速上升后，又于 2005 年和 2008 年各行业劳动生产率呈现普遍下降趋势，其余大部分年份则呈现增长的势头。国际金融危机以后，劳动生产率增长率较快的行业有非金属矿物制品业、木材加工业、专用设备制造业、服装制造业、化学制品制造业、通用设备制造业和纺织业；其次是家具制造业、交通运输设备制造业、电气机械及器材制造业和仪器仪表制造业；劳动生产率增长最低的行业是通信设备制造业。

采用劳动生产率测算的外包绩效指数显示（见表 4-27），1998

表4-27　1998—2011年基于劳动生产率的中国行业外包绩效指数

年份	1998	1999	2000	2001	2002	2003	2004	2005	2006	2007	2008	2009	2010	2011
纺织业	5.35	6.42	7.87	9.52	12.51	8.98	11.77	13.72	17.17	21.84	24.93	28.29	32.59	40.48
纺织服装、鞋帽制造业	7.63	8.35	9.55	10.94	12.33	6.87	7.36	9.20	11.26	13.40	15.63	17.67	20.41	25.84
皮革毛皮羽绒及制品业	17.88	19.55	21.57	26.59	29.71	12.93	14.30	14.22	15.88	18.85	19.98	23.45	26.86	31.96
木材加工及制品业	-0.50	-2.40	-3.60	-2.38	-2.55	-0.47	1.39	3.07	5.57	5.64	6.22	5.29	0.00	-6.30
造纸及纸制品业	-8.59	-11.33	-13.98	-16.27	-18.66	-10.64	-13.14	-11.83	-10.09	-10.06	-12.96	-11.91	-15.86	-18.11
化学原料及制品制造业	-1.12	-4.15	-4.72	-4.98	-7.25	-6.51	-7.38	-7.92	-7.70	-6.95	-3.13	-7.06	-7.46	-8.37
化学纤维制造业	-1.45	-6.60	-8.29	-6.82	-10.79	-11.00	-13.64	-14.07	-14.77	-13.65	-5.29	-11.08	-12.40	-14.42
橡胶制品业	-4.42	-5.69	-6.62	-7.82	-9.50	-6.96	-8.99	-6.90	-7.32	-7.91	-8.26	-11.68	-13.77	-13.32
塑料制品业	-6.16	-8.48	-10.90	-13.35	-13.92	-7.18	-8.81	-6.91	-6.97	-7.25	-7.36	-10.13	-11.75	-10.42
非金属矿物制品业	5.30	5.81	6.00	6.99	9.91	6.42	8.79	12.53	16.49	21.17	27.30	32.22	35.91	47.41
金属制品业	0.18	-1.88	-2.91	-4.81	-6.06	-4.96	-1.35	0.00	6.18	8.37	13.32	-3.02	2.34	7.50
通用设备制造业	-0.75	-1.08	-1.10	-1.04	-0.91	-0.20	0.83	2.69	4.35	7.00	10.01	10.69	11.72	14.92
专用设备制造业	-0.78	-1.11	-1.08	-0.97	-0.83	-0.19	0.73	2.49	4.07	6.61	9.42	10.31	11.61	14.55
交通运输设备制造业	1.06	0.87	4.18	-0.84	-1.48	-2.16	1.69	8.03	7.07	14.62	19.76	14.24	14.50	15.28
电气机械及器材制造业	-1.71	-2.55	-2.67	-2.40	-1.75	-0.30	1.13	3.41	5.40	8.56	11.53	11.99	12.91	15.44
电子及通信设备制造业	-2.92	-4.38	-4.38	-3.77	-2.91	-0.58	2.00	5.53	7.86	10.67	12.96	12.76	12.80	14.01
仪器仪表文化办公机械制造业	1.83	1.18	0.38	-2.34	-4.95	-7.51	-10.36	-9.09	-9.31	-10.87	-10.70	-10.38	-12.30	-13.49

年，有 10 个行业指数小于 0，7 个行业指数大于 0。其中，外包绩
效指数最高是皮革毛皮羽绒及制品业，最低的是造纸及纸制品业。
2011 年，超过一半的行业指数为正，而指数为负的行业由 10 个减
少到了 7 个。指数最高的行业为非金属矿物制品业和纺织业，最低
的行业有造纸及纸制品业、化学原料及制品制造业、化学纤维制造
业、橡胶制品业和塑料制品业，最低的是造纸及纸制品业和化学纤
维制造业。

　　与此同时，从各行业外包绩效指数的变化可以看出，2011 年指
数大于 0 的大部分行业其外包绩效呈现出增长的态势。其中，增长
最快的行业为金属制品业，增长超过 40 倍；其次是通用设备制造业
和专用设备制造业，增长超过 20 倍。许多外包绩效指数小于 0 的行
业则呈现出下降趋势。此外，通用设备制造业、专用设备制造业、
电子及通信设备制造业和电气机械器材制造业等行业外包绩效指数
由负转变为正，且增长速度很快，表明这些行业外包绩效获得很大
程度提升。

　　2. 基于全员生产率的外包绩效指数

　　除劳动生产效率之外，另一个度量指标是行业的全员劳动生产
率。由于该指标用劳均创造工业增加值作为衡量标准，通过劳动力
创造的增加值更好地体现一个行业生产效率水平及其变化趋势，因
而也是企业升级的较为理想的衡量指标。计算公式为：

$$VP_j = \frac{VIN_j}{LA_j} \qquad\qquad\qquad (4-10)$$

　　其中，VP 是全员劳动生产率指数，VIN_j 是行业 j 在某年创造的
工业增加值，该指数表示一年内该行业每个劳动力创造的增加值。
因此，基于全员劳动生产率的外包绩效指数可表示为：

$$VP_j = \frac{VIN_j}{LA_j} \cdot TSC_j \qquad\qquad\qquad (4-11)$$

　　可以看出，目前，在各行业中，全员劳动生产率最高的行业有
化学制品及化纤制品业、交通运输设备制造业，其全员劳动生产率

高于 2 万元/人；其次是造纸业、通用设备制造业、专用设备制造业、电气机械及器材制造业、金属及非金属制品业，其全员劳动生产率高于 1.7 万元/人；全员劳动生产率较低的制造业有木材加工业、橡胶制造业、电子通信设备制造业、仪器仪表制造业等行业；全员劳动生产率最低的行业包括纺织业、家具制造业、服装制造业等，其中，服装皮革制品业全员劳动生产率不足 1 万元/人，不到全员劳动生产率最高行业的一半。

与劳动生产率增长趋势变动相比，中国行业全员劳动生产率则呈现出不完全相同且相对平缓的增长趋势。然而，在 21 世纪初到 2003 年间也呈现出明显的波动和各行业的显著差异，2005 年之后，各行业全员劳动生产率增长则表现出较为一致的态势。平均全员劳动生产率增长最快的行业包括服装、木材加工、文教用品制造业等行业；增长速度较快的行业有通用设备制造业、专用设备制造业、纺织业、塑料、橡胶制造业、家具行业等；增长速度较慢的行业有仪器仪表制造业、化纤制造业、电气机械制造业、交通运输设备制造业；增长速度最为缓慢的是通信设备制造业。

与采用劳动生产率测算的外包绩效指数显示的测算结果相似，1998 年，采用全员生产率测算得出的外包绩效指数中（见表 4-28），有 10 个行业指数小于 0，10 个行业指数大于 0。指数最高同样是皮革毛皮羽绒及制品业，最低的是家具制造业。2011 年，超过一半的行业指数为正，而指数为负的行业由 10 个减少到 7 个。指数最高的行业为化学纤维制造业；其次是纺织业/纺织服装、鞋帽制造业和皮革毛皮羽绒及制品业，最低的是家具制造业和交通设备制造业。

同样，从各行业外包绩效指数的变化可以看出，2011 年指数大于 0 的大部分行业的外包绩效呈现出增长趋势。其中，增长最快的行业为金属制品业，增长高达 58.7 倍；其次是通用设备制造业和专用设备制造业，增长超过 20 倍。通用设备制造业和专用设备制造业，增长同样超过 20 倍。此外，通用设备制造业、专用设备制造

表 4 - 28　　　　1998—2011 年基于全员生产率的中国行业外包绩效指数

年份	1998	1999	2000	2001	2002	2003	2004	2005	2006	2007	2008	2009	2010	2011
纺织业	0.84	1.09	1.32	1.48	1.79	2.22	2.92	3.51	4.44	5.73	6.33	7.26	7.52	8.83
纺织服装、鞋帽制造业	1.09	1.25	1.37	1.48	1.54	1.84	2.15	2.63	3.35	3.99	4.22	4.74	5.33	7.11
皮革毛皮羽绒及制品业	2.29	2.40	2.67	2.87	3.05	3.36	3.97	3.88	4.49	5.42	5.66	6.64	7.21	8.58
木材加工及制品业	-0.09	-0.42	-0.54	-0.34	-0.33	-0.12	0.37	0.86	1.57	1.65	1.62	1.35	0.00	-1.53
家具制造业	-1.43	-1.91	-2.11	-2.29	-2.58	-2.87	-3.43	-3.26	-2.78	-2.77	-3.22	-3.13	-3.83	-4.32
造纸及纸制品业	-0.20	-0.75	-0.90	-1.01	-1.50	-2.06	-3.06	-2.97	-3.02	-2.90	-1.13	-2.52	-2.48	-2.70
印刷业和记录媒介复制	-0.27	-1.26	-1.52	-1.10	-1.65	-2.24	-2.53	-2.62	-2.78	-2.68	-1.10	-2.64	-2.54	-2.43
文教体育用品制造业	-0.79	-1.00	-1.15	-1.41	-1.56	-1.96	-2.39	-1.87	-1.91	-2.19	-2.08	-2.92	-3.24	-2.82
化学原料及制品制造业	-0.96	-1.22	-1.46	-1.63	-1.65	-1.79	-2.14	-1.74	-1.82	-1.91	-1.81	-2.52	-2.74	-2.47
化学纤维制造业	0.94	1.04	1.07	1.17	1.58	1.99	2.71	3.83	5.14	6.60	7.39	8.43	8.76	10.93
橡胶制品业	0.03	-0.29	-0.41	-0.65	-0.77	-1.25	-0.35	0.00	1.61	2.20	3.07	-0.72	0.53	1.71
塑料制品业	-0.16	-0.25	-0.24	-0.21	-0.17	-0.06	0.22	0.75	1.20	1.94	2.42	2.59	2.69	3.45
非金属矿物制品业	-0.15	-0.24	-0.22	-0.21	-0.18	-0.05	0.19	0.69	1.17	1.91	2.40	2.57	2.71	3.36
金属制品业	0.22	0.19	0.82	-0.17	-0.29	-0.56	0.41	1.96	1.71	3.76	4.75	3.25	3.04	3.15
通用设备制造业	-0.29	-0.44	-0.43	-0.37	-0.27	-0.08	0.28	0.88	1.37	2.16	2.71	2.84	2.83	3.27
专用设备制造业	-0.48	-0.72	-0.74	-0.60	-0.44	-0.13	0.40	1.17	1.68	2.16	2.62	2.68	2.54	2.78
交通运输设备制造业	0.37	0.25	0.08	-0.32	-0.94	-2.04	-2.78	-2.40	-2.55	-2.94	-2.81	-2.73	-3.07	-3.29
电气机械及器材制造业	0.84	1.09	1.32	1.48	1.79	2.22	2.92	3.51	4.44	5.73	6.33	7.26	7.52	8.83
电子及通信设备制造业	1.09	1.25	1.37	1.48	1.54	1.84	2.15	2.63	3.35	3.99	4.22	4.74	5.33	7.11
仪器仪表文化办公机械制造业	2.29	2.40	2.67	2.87	3.05	3.36	3.97	3.88	4.49	5.42	5.66	6.64	7.21	8.58

业、电子及通信设备制造业和电气机械器材制造业等行业外包绩效指数由负转变为正，且增长速度很快，同样显示出这些行业外包绩效获得很大程度提升。

总的来说，通过对中国各行业劳动生产率和全员劳动生产率的测算结果进行对比，能够得出以下结论：从各行业劳动生产率和全员劳动生产率高低排序可以看出，通过两种指标的测算得出的结论比较相近，除仪器仪表行业以外，大部分技术、资本相对密集的行业生产率相对较高，而传统劳动密集型行业生产率水平最低。

而基于这两种指标测算得出的外包绩效指数，得出以下结论：1998—2011 年，纺织业，纺织服装、鞋帽制造业和皮革毛皮羽绒及制品业，专用设备制造业，交通运输设备制造业，电气机械及器材制造业及电子及通信设备制造业等行业外包绩效获得很大程度提高，而其他行业外包绩效则呈现出下降趋势。这从直观上表明，中国不同行业外包升级的趋势及程度存在较大差异：部分传统比较优势行业及机电行业等典型离散制造业外包企业的生产效率显著升级，而对于部分流程制造业外包企业的生产效率不仅没有显示出升级，反而生产效率有所下降。

第五章 中国外包企业升级机制及路径研究

本章首先基于跨国公司效率最大化的国际化生产路径选择的模型，以动态视角考察中间品生产过程中跨国公司向外包企业技术转移的动因与条件，研究在技术复杂程度不断提高的情境下，影响外包企业提升的机制。其次，从劳动市场上熟练劳动及非熟练劳动的相对需求和相对工资变化角度对企业升级的机制进行研究。再次，从企业均衡的角度，分析国际外包体系下由于研发活动和零部件生产世界相对价格的变化使发展中国家企业获取外包收益的影响。最后，对国际外包体系下发展中国家升级路径进行探索，并以富士康集团作为代表性案例，研究其在不同生命周期采取的升级模式以及升级表现、升级效果。本章为多层面、多角度分析企业升级机制研究提供了理论依据和现实参考。

第一节 发展中国家外包企业技术升级机制

当前，跨国公司在其全球生产体系中采取的两个主要的国际化策略分别是国际外包和以 FDI 为载体的海外生产。其中，国际外包双方之间的合作主要基于相对长期和稳定的契约，具有显著的动态特征，产品功能和类型变化及反应更为迅速。同时，技术相对落后的发展中国家外包企业与技术先进的跨国公司之间维持动态的技术差距，发展中国家企业需要通过不断的技术投入和创新实现学习曲线的攀升，以达到不断提升发达国家国际化生产的"技术门槛"。

本书基于跨国公司效率最大化的国际化生产路径选择的模型（Antraes，2005），以动态视角考察中间品生产过程中跨国公司向发展中国家外包企业技术转移的动因与条件，研究外包模式对外包企业创新溢出的机制，以及在技术复杂程度不断提高的情境下，外包企业承接的技术转移对其技术能力提升的影响。

一　低技术复杂程度中间品外包与企业技术升级

1. 中间品生产函数

模型包括两个假设：第一个假设是技术水平较高的发达国家品牌高与技术水平较低的发展中国家企业（即外包企业）存在显著的技术差异。发达国家品牌商为实现稳定的中间品供应，面临两种选择：一个选择是与外包企业签订外包合约；另一个选择是在发展中国家通过直接投资建立子公司或分公司，后者本质上是垂直型的国际分工形态，即 VFDI（Vertical Foreign Direct Investment）。

第二个假设是中间品生产的技术复杂程度存在差异，分为低技术复杂程度的中间品和高技术复杂程度的中间品。前者一般是标准化的零部件生产，而后者则更多地表现为领先跨国企业"归核化"战略下创新难度系数较大、系统发展要求较高的知识、技术密集型的生产与服务活动。分别以 x_h 和 x_l 表示高技术复杂程度的中间品和低技术复杂程度的中间品，各自所占比重分别是 $(1-z)$ 和 z，则企业的生产函数可以表示为：

$$y = \left(\frac{x_h}{1-z}\right)^{1-z}\left(\frac{x_l}{z}\right)^{z} \tag{5-1}$$

用 $A(i)$ 表示外包企业的生产活动中包含特定技术设备和人力资源水平的技术复杂活动程度。$0 < A(i) < 1$，当 $A(i)$ 接近 0 时，表示发展中国家外包企业拥有的技术复杂程度极低，与发达国家品牌商之间的技术差距极大，$A(i)$ 接近 1 则表示外包企业已经基于达到与品牌商技术无差异的程度。低技术复杂程度中间品的生产函数可表示为：

$$x_l = T^s(A(i))L_{x_l}^s, \quad \frac{\partial T^s(A(i))}{\partial A(i)} > 0, \quad \frac{\partial^2 T^s(A(i))}{\partial A(i)^2} < 0, \quad T^s(0) - 0,$$

$T^S(1) - 1$

$$x_l = x_l(L^S_{x_l}, \ 0) = 0, \ x_l = x_l(L^S_{x_l}, \ 1) = L^S_{x_l} \tag{5-2}$$

其中，T 是发达国家品牌商的技术转让开支。

2. 中间品生产的成本构成

品牌商向外包企业的技术转移主要表现为产品标准与生产流程方面信息的转移。由于技术转移的效率影响外包的综合成本，因此，在中间品生产成本函数中，除了包含影响外包企业生产成本的工资要素 w，还包含技术转移的效率要素。外包企业的成本函数表示如下：

$$C = C[q(w^s, \ \xi), \ A(i)], \ \frac{\partial C}{\partial q} < 0 \tag{5-3}$$

其中，$q(\cdot)$ 表示外包过程中技术转移的效率。如果中间品属于低技术复杂程度的产品，则外包所需的技术转移成本的线性函数如下：

$$C = \Omega(A(i)) \cdot \hat{C}[q(w^s, \ \xi)] \tag{5-4}$$

在现实经济中，发展中国家高技术产业的市场结构形态接近于完全市场竞争结构，生产要素与人员流动相对充分。根据国际化生产技术外溢的理论，伴随着价值链内部分工的逐步加深，中间品的种类与数量不断增加，相关供应商数量的增加以及由其引发的技术人员流动导致拥有先进技术一方的技术更多地转移至外包企业所在产业与地区，从而对价值链上游与下游企业之间发生更大程度的技术扩散起到了推进作用（Pack 和 Saggi，2001）。因此，外包企业获取新技术所需的成本趋于下降，而品牌企业在与外包企业形成稳定的供应链合作关系后逐渐失去了技术投入的内在动机。因此，转移技术所需的投入相当于发达国家品牌商向发展中国家的外包企业支付了一个固定且较低的费用。将此费用纳入生产成本后，外包企业的利润函数表示如下：

$$\Pi^N = \lambda^{1-\alpha} \cdot \xi^\alpha_z x^{(1-z)\alpha}_h \cdot x^{z\alpha}_l - w^N x_h - w^N x_l, \ \xi^\alpha_z = (1-z)^{-(1-z)\alpha} \cdot \lambda^{-z\alpha} \tag{5-5}$$

企业的均衡价格和利润为:

$$P^N(z) = \frac{w^N}{\alpha}, \quad \Pi^N = \lambda(1-\alpha)\left(\frac{w^N}{\alpha}\right)^{\frac{\alpha}{1-\alpha}}$$

上述利润函数决定品牌商如何对于中间品的生产在国际外包方式与 VFDI 方式之间进行选择。根据该函数,当中间品生产属于低技术复杂程度产品,外包企业所承接的外包业务生产技术"门槛"较低,相关产品市场竞争结构趋于完全竞争形态,企业之间"价格战"现象非常普遍,行业平均利润非常低。这里假设外包企业趋于零利润,其生产基于成本导向。这种情形下,发达国家品牌商倾向于选择国际外包方式来安排中间品生产。

3. 中间品外包生产下的技术转移

为了保证外包达到合约要求,发达国家品牌商往往对外包企业提供基于产品质量与生产流程的知识与专业信息。为简化模型,我们假设其外包技术转移成本为:

$$\hat{C}[q(w^s, \xi)] = w^s \cdot C(\xi) \tag{5-6}$$

代换以后得到:

$$\frac{w^N}{w^s} = \omega > L_1(\varphi, z, \alpha) \cdot \frac{AEC}{w^s}$$

其中,ω 是相对工资,L 是劳动生产率弹性,AEC 是企业平均效率成本。并且有:

$$\frac{AEC}{w^s} = \left(\frac{1 + \Omega(A(i))C(\xi)}{T^s(A(i))}\right)$$

对于给定的 $A(i)$,ω 和 $L_1(\varphi, z, \alpha)$ 是一定的。令 $\dfrac{\partial(AEC/w^s)}{\partial(A(i))} = 0$,得到:

$$\eta_\Omega = \eta_T s\left(1 + \frac{1}{\Omega(A(i))\widetilde{C}(\xi)}\right)$$

根据上述等式,对于既定的技术复杂程度,技术转让成本的弹性等价于外包企业的劳动生产率弹性乘以 $\left(1 + \dfrac{1}{\Omega(A(i))\widetilde{C}(\xi)}\right)$。假

设 $A(i) = A_{i,0}^x$ 时，$\dfrac{\partial(AEC/w^S)}{\partial(A(i))} = 0$。可用图形描绘 $\dfrac{AEC}{w^S}$ 的形状。

在图 5-1 中，横轴从左向右代表中间品生产技术复杂度由低到高，从最左端到国际外包之间的区间表示在向外包企业进行技术转移之前，发达国家品牌商以垂直 FDI 的直接投资方式生产中间品更有优势。在发展中国家外包企业获得技术转移后，即企业在承接外包生产时达到技术门槛水平 $\underline{A(i)}_0$ 后，发达国家跨国公司选择发展中国家企业外包生产中间品对其更为有利。因此，通过外包模式，发展中国家企业在发达国家跨国公司指导下获得相关技术转移，逐步形成熟练技术工人群体，提升了企业的技术吸收能力。

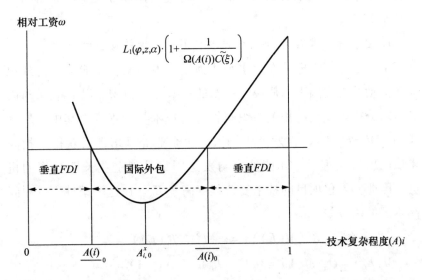

图 5-1　低技术复杂程度中间品外包与垂直 FDI 两种模式的选择

二　高技术复杂程度中间品外包与企业技术升级

不同于外包低技术复杂程度中间品的技术转移，高技术复杂程度中间品的技术形态呈现出"硬件"制造与"软件"服务相融合的态势。尤其后者往往表现为以项目管理人员为载体，以软件需求分析与交付相关的项目管理能力为代表的综合创新能力。因此，由于项目包含大量隐性知识，如果这种产品以外包方式完成生产，需要首先对发展中国家外包企业负责管理的人员进行培训，以满足发达国家品牌商的相关需求，由此产生的培训费用往往会在双方之间分摊。这不仅用于跨国公司与发展中国家供应商保持长期、稳定的合作关系，并且由于共同分担包括上述培训费用在内的技术投入具有内在的激励机制，对双方技术能力的提高具有积极作用。

根据上述特点，对模型假设条件加以调整。由于发达国家品牌商承担项目启动的部分技术投入，其技术转让开支 T 并不趋于 0，假设品牌商承担特定比重的技术投入，与通过垂直 FDI 建立新企业进行生产相比较，该比重的上限是通过国际外包方式获得的收入减去相关技术投入成本后的净利润水平与直接投资方式生产获得的利润持平。

1. 高技术复杂度中间品外包项目下的技术转移成本

由于组织与管理的专业水平成为发展中国家企业能否获得外包业务活动的重要因素，假设这一新的技术形态为 M，以 E 表示与服务需求分析以及交付相关组织与管理的技术复杂程度。其中，$E_0 < E < 1$，$M = M(E)$。当发展中国家外包企业经过培训后获得一批高素质的项目经理后，才能拥有与发达国家品牌企业长期合作的机会。因此，外包项目的技术复杂程度高于 E_0。在这个条件下，中间品生产的函数如下：

$$x_h = x_h(L_{x_h}^S, T^S(M(E))) = x_h(L_{x_h}^S, T^S(E))$$

$$M(E_0) = Q, \ M(1) = 1, \ T^S(E_0) = 0, \ T^S(1) = 1$$

相应地，技术转让的成本函数变为：

$$C = \Omega(M) \cdot \hat{C}[q(w^s, \xi)] = \Omega(E) \cdot \hat{C}[q(w^s, \xi)] \qquad (5-7)$$

在该成本函数中，技术转让的成本包含外包项目管理人员的培训费用以及管理制度建设的费用。

2. 合作双方共同分担技术转移成本情况下的产品利润

当外包项目的技术复杂程度对应的水平大于门槛条件时，品牌商的技术转让开支 T 并不趋于 0，从而导致双方企业利润函数发生变化，品牌商新的利润函数如下：

$$\varPi_0^N = \phi R - w^N x_h - aCL_{x_l}^S + T$$

其中，a 代表品牌企业在技术转让成本中承担的比例，基于双方利润最大化的假设，对技术转让开支 T 进行调整，得到品牌商新的利润函数：

$$\varPi_0^N = \lambda \big[(1 - z\alpha) + \varphi\alpha(2z - 1) \big] \left(\frac{(w^N)^{1-z}(AEC')^z}{\phi^{1-z}(1-\phi)\alpha} \right)^{\frac{\alpha}{1-\alpha}} \qquad (5-8)$$

其中，调整后的平均效率成本 AEC' 为：

$$AEC' = \left(\frac{w^S + (1-\alpha)\varOmega(E) \cdot \hat{C}[q(w^S, \xi)]}{T^S(E)} \right)$$

令 $\theta = \dfrac{\varPi^N}{\varPi_0^N} < 1$，则有：

$$\frac{w^N}{AEC'} > L_1(\varphi, z, \alpha) = \left(\frac{\varphi}{1-\varphi} \right) \left[\frac{1-\alpha}{(1-z\alpha) + \varphi\alpha(2z-1)} \right]^{\frac{1-\alpha}{z\alpha}} \cdot \frac{1}{\varphi^{\frac{1}{z}}}$$

因此，发达国家企业选择寻求外包企业，而不是通过对外直接投资设立分支机构实现其中间品的生产。根据上述假设，对上式进行代换得到：

$$\frac{w^N}{w^S} = \omega > L_1(\varphi, z, \alpha) \cdot \frac{AEC'}{w^S} > L_1(\varphi, z, \alpha)$$

$$\left(\frac{1 + (1-\alpha)\varOmega(E) \cdot \tilde{C}(\xi)}{T^S(E)} \right)$$

由于对于给定的 E，ω 和 $L_1(\varphi, z, \alpha)$ 是一定的，在此基础上，对 $\dfrac{AEC'}{w^S}$ 的走势进行考察。假设 $E = E^*$ 时，$\dfrac{\partial(AEC'/w^S)}{\partial E} = 0$。图 5-2 是对 $\dfrac{AEC'}{w^S}$ 的形状进行描绘。

由此可见，高技术复杂程度的外包项目在双方共同负担技术投入条件下得以维持，相关中间品生产在接包方更高工资水平上实现均衡。在这个过程中，具备高技术复杂程度产品特有的管理能力等"软性知识"是发展中国家外包企业知识积累的重要保证，并构成企业后续创新的激励，不仅有利于企业所在地区创新竞争力的提高，同时进一步推动外包企业承接其他高附加值外包业务，提高企业在全球价值链中的地位。

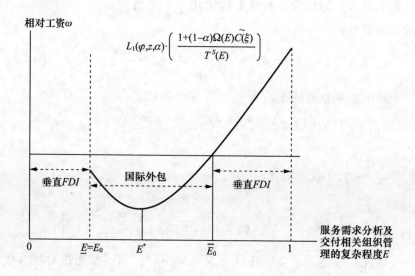

图 5 - 2　高技术复杂程度中间品外包与垂直 FDI 两种模式的选择

3. 创新激励效应

在现实中，知识密集型行业的跨国公司在选择海外供应商时，往往更加注重外包企业的综合技术能力，这与模型提出的高技术复杂程度外包项目的技术"门槛"的内涵是一致的。在双方合作过程中产生的技术外溢效应进一步转化为外包企业创新的激励机制，基于这种"创新激励效应"，发展中国家企业实现全球价值链的升级。该效应具体体现在两个层面上：

（1）从相关行业角度来看，在高技术复杂程度的中间品外包行业内，市场竞争结构趋于垄断竞争形态。要素市场和产品市场的新进入者踊跃，发达国家品牌商与发展中国家外包企业之间相互依赖程度不断加深。在品牌商向外包企业技术转移意愿加强的同时，有更多品牌商愿意向外包企业转移技术。通过共同承担技术投入，在合作双方之间构成创新能力构建的正反馈效应，品牌商和外包企业都从中获取创新能力提高的收益。

（2）从外包企业角度看，高技术复杂程度的外包需要企业不断发展"软性知识"，同时，对企业所在区域基础设施水平及人力资源水平提出更高要求，同时，还有助于推动当地公共研发平台发展和地区创新能力的提高，以及促进地区创新能力提升的积聚形态的形成。因此，分析承接国际外包对发展中国家外包企业创新努力的激励对于区域经济的发展具有同等重要的现实意义。

第二节　发展中国家外包企业劳动升级机制

本节从劳动市场上熟练劳动及非熟练劳动的相对需求和相对工资变化角度对企业升级的机制进行研究。

一般来讲，制造企业某一产品生产与营销过程的全部环节可以按两种不同方式进行划分。第一种按发生时间的前后顺序将产品生产活动进行排列，经历了研究与开发、零部件生产、零部件装配、市场营销（见图 5-3），这一整套生产环节即产品价值链。如在电视机的生产过程中，其产品价值链依次划分为设计与开发→线路、机箱、显像管等零部件生产→零部件装配→销售。

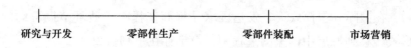

研究与开发　　　零部件生产　　　零部件装配　　　市场营销

图 5-3　按生产的时间顺序排列的价值链

由于在产品的生产过程中，每一业务环节都会产生增值。因此，跨国公司在组织其生产活动时，如果某一业务环节可以由外部企业能够以更低的成本完成，跨国公司则往往通过国际外包的形式将附加值较低的非核心的环节转移到生产成本更低的国家或地区进行，而将其技术及附加值含量较高的核心环节保留在母国。在国际生产体系中，附加值较高的产品主要表现为该产品包含较多的熟练劳动。图 5 - 4 按照产品各个生产环节所使用的熟练劳动相对含量（熟练劳动/非熟练劳动）将图 5 - 3 中产品价值链进行重新排列的结果。最左面的环节使用的相对熟练劳动最少，最右面的环节使用的相对熟练劳动最多。图 5 - 4 同时体现了国际外包体系下发达国家品牌商和发展中国家外包企业在产品全球价值链中的不同位置。仍以电视生产为例，熟练劳动使用最少的是简单的零部件（如电视机箱与电线等）生产与装配，到相对复杂的零部件（如显像管）生产与装配制造，接下来是生产过程中订单处理、售后服务等辅助性的"后台服务"，最后是使用熟练劳动最多的市场营销等"前台服务"以及使用技术水平最高的劳动力的研发活动。

图 5 - 4　按生产活动中熟练劳动与非熟练劳动相对使用量划分的价值链

一　模型假设和价值链分割

1. 模型假设

在国际外包模式下，发达国家品牌商选择将一些环节以契约的形式转移到发展中国家的过程中，设定存在下列假设：

假设 1：发达国家劳动工资水平高于发展中国家劳动的工资水平。

根据发达国家和发展中国家的经济发展水平及要素禀赋，发达国家熟练劳动丰富，而发展中国家非熟练劳动丰富，由于熟练劳动工人的工资水平高于非熟练劳动工人的工资，因此，假设 1 符合国际实际。

用 W_S、W_U 分别表示发展中国家熟练劳动和非熟练劳动的工资；W_S^*、W_U^* 表示发达国家熟练劳动和非熟练劳动的工资。由假设 1 可得：$W_S^* > W_S$，$W_U^* > W_U$。同时假设，发展中国家非熟练劳动的相对工资低于发达国家非熟练劳动的相对工资，即 $W_U/W_S < W_U^*/W_S^*$。

假设 2：产品价值链中所有环节产生的额外成本相同。

除劳动力成本外，品牌商在决定是否应将某一（些）环节转移出去时，必须考虑和比较通过直接投资在外国开展业务产生的其他成本。通常情况下，发达国家跨国公司在国外投资设厂会产生以下额外成本：

（1）资本成本。主要指企业在海外建设厂房和使用公用设施（如电力能源等）产生的高于本国的成本。

（2）贸易成本。指在海外进行直接投资产生的与贸易有关的额外成本，包括在一些基础设施不够完善的发展中国家产生的更高的运输成本和通信成本，以及当东道国对生产所需零部件征收进口关税时所产生的额外关税成本。

由于在海外直接投资存在高额的资本成本和贸易成本，跨国公司不可能将所有业务转移到海外。因此，在决定将哪些业务环节转移出去时，企业必须权衡国际外包模式下发展中国家低工资给企业带来成本节约以及直接投资条件下产生的额外的资本成本和贸易成本。为方便研究，假设产品价值链每一活动环节在海外开展业务所产生的资本成本和贸易成本比在发达国家国内生产的成本高出的比例相同。

如果跨国公司将生产环节转移到发展中国家所需支付的额外成本低于其通过国际外包模式从发展中国家获得的劳动力成本，跨国公司便倾向于通过外包模式将该环节转移到海外；反之，则选择将其业务环节保留在母国。由于发达国家在密集地使用熟练劳动的业务环节具有比较优势，而发展中国家在密集地使用非熟练劳动的环节具有比较优势。因此，跨国公司通过衡量国际外包模式将密集使用非熟练劳动的环节外包出去节约的工资费用与在海外进行直接投资需要的额外资本成本和贸易成本来决定将哪些环节转移出去。

假设一家发达国家生产电视机的跨国公司正考虑将某些环节通过国际外包方式转移出去。根据假设 1 和假设 2，企业将那些非熟练劳动密集度较高的业务环节转移到海外，而保留了熟练劳动密集度较高的环节。在图 5 - 4 中，表示为在产品价值链上，以 A 点为界，A 点左边的活动以外包方式转移给发展中国家企业，A 点右边的环节保留在发达国家国内进行，这一活动转移的过程称为价值链的分割。

由假设 2 可知，所有业务环节产生的额外资本成本和贸易成本都是统一的，因此，工资成本的节约便成为跨国公司将哪些活动转移到国外和将哪些活动保留在国内的决定性因素。

2. 两国熟练工人的相对需求

确定了发达国家和发展中国家之间的分工后，可以得到两国各自的劳动需求曲线。图 5 - 5（a）是发达国家相对工资 W_S^* / W_U^* 条件下的熟练劳动相对需求曲线。横轴是图 5 - 5 中垂线 A 右边所有活动熟练劳动 S^* 及非熟练劳动 U^* 的比值，纵轴是熟练工人与非熟练工人相对工资。由于熟练劳动相对工资上升迫使发达国家更多地雇用非熟练劳动来取代熟练劳动，其熟练劳动的相对需求曲线向右下方倾斜。

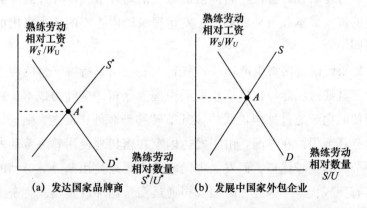

图 5 - 5　发达国家与发展中国家熟练劳动的相对需求与相对供给

同样，可以得出图 5 - 4 中所有垂线 A 左边活动中发展中国家熟练劳动与非熟练劳动的相对需求曲线 [见图 5 - 5 (b)] 及相对工资 W_S/W_U。同理，发展中国家熟练劳动的相对需求曲线也向右下方倾斜。

在此基础上，在两个国家熟练劳动的相对需求图中分别加上一条向右上方倾斜的相对供给曲线。这是由于当熟练劳动的相对工资上升时，会有更多的熟练劳动进入到该行业。相对需求曲线与相对供给曲线的交叉点 A^* 和 A 就是两国在该产业均衡相对于熟练劳动相对工资的相对就业率。

3. 贸易成本改变与价值链分割

假设发展中国家的资本成本或贸易成本发生下降。例如，中国加入世界贸易组织后，关税水平大幅下降，以及近年来中国公用设施、基础设施不断完善使贸易成本逐年降低。还如墨西哥加入北美自由贸易区后，降低了美国与其之间贸易品的关税，也使发达国家在其直接投资的贸易成本下降。

由于发展中国家基础设施逐步完善、相关规章制度有所放宽，以及关税水平下降，使国内资本成本或贸易成本下降。对于发达国家跨国公司而言，将其产品价值链中更多的业务环节转移到发展中国家变得更为有利可图。表示为图 5 - 4 中的价值链分割线从 A 移动到 B（见图 5 - 6），这表明原本在发达国家国内进行的 A 与 B 之间的活动转移到发展中国家进行。例如，原来在美国或欧洲的电视机机箱、电子线路板一直到显像管的制造环节转移到发展中国家进行生产。

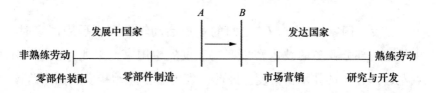

图 5 - 6　价值链分割线的转移

二 发展中国家劳动需求变化与劳动升级

从图5-6中可以看出，AB之间的活动与最初转移到发展中国家的业务环节（A点左边的活动）相比为技术密集度更高，表明发展中国家企业实现了产品要素密集度提升的升级。但是，与仍然保留在发达国家国内的业务环节（B点右边的活动）相比则技术密集度较低。对于跨国公司所在的母国发达国家来说，保留在国内的业务活动（B点右边的部分）与新转移出去的活动（A与B之间的部分）相比技术密集度更高。由于发生业务转移后，跨国公司保留在母国的业务活动比此前活动（A点右边）熟练劳动密集度有所提高，因此，发达国家对于熟练劳动的相对需求上升，相对需求曲线右移［见图5-7（a）］，均衡点由 A^* 移到 B^*，发达国家熟练劳动的相对工资上升。

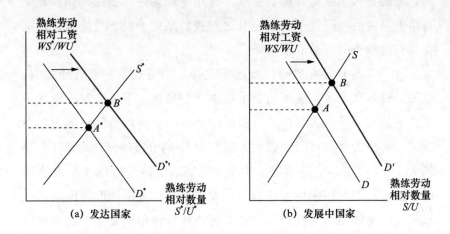

图5-7 外包后发达国家与发展中国家熟练劳动相对需求与相对供给变化

当发达国家将 A^* 与 B^* 之间的业务活动转移到发展中国家时，由于这一部分业务的技术密集度高于发展中国家原来业务活动（A点左边部分）的技术密集度。因此，发展中国家承接发达国家跨国公司外包业务后总体熟练劳动密集程度提高，发展中国家对熟练劳动的相对需求也有所上升，均衡点由 A 移到 B，发展中国家熟练劳

动的相对工资上升 ［见图5 - 7 （b）］。

由此可以得出结论：发达国家跨国公司将处于价值链中部的业务活动外包给发展中国家企业后，由于这部分业务在发达国家属于技术密集度最低的活动，而对于发展中国家则是技术密集度最高的活动，因此，两国对熟练劳动的相对需求都有所提高，进而熟练劳动的相对工资也有所上升。

从企业升级的角度看，发展中国家通过外包不断提升自己外包产品中熟练劳动的含量，体现在外包产品包含的熟练劳动密集度不断提升，即逐渐由劳动密集型产品（非熟练劳动密集度最高）向资本、技术密集型产品（熟练劳动密集度较高）过渡。

第三节 发展中国家外包企业生产率升级机制

假设产品生产只包括两种活动：零部件生产和研究开发（R&D），两种活动都需要使用熟练劳动和非熟练劳动。其中零部件生产密集地使用非熟练劳动，而研发密集地使用非熟练劳动。同样，假设两种活动中资本成本相等。

假设发展中国家外包企业拥有一定数量的劳动 L 用于零部件生产和研发活动，$L = S + U$，S 为熟练劳动，U 为非熟练劳动。同时，熟练劳动和非熟练劳动可以在这两种活动之间自由转换和流动。企业生产可能性边界表示从事零部件生产和研发活动所使用的不同数量的熟练劳动和非熟练劳动的组合。

一 封闭条件下的企业均衡

发展中国家企业将其全部从事零部件生产和研发的劳动用于生产一种最终产品并提供给国内市场，Y_0 为企业的产量，Y_0 为单位的等产量曲线，表明企业产量不变条件下所使用的投入品的各种不同组合。该等产量曲线与生产可能性边界相切于均衡点 A，表明 Y_0 是既定数量的劳动及资本条件下企业零部件生产与研发活动组合所能生产产品的最高产量。A 点是没有外包情况下，即封闭条件下企业所选择的零部件与研发活动的组合，称为"封闭均衡"。$(Q_R)^A$、$(Q_C)^A$ 是发展中国家企业生产 Y_0 单位最终产品所使用的零部件和研发的投入组合。过点 A 画等产量曲线 Y_0 的切线，其斜率等于封闭条件下发展中国家生产零部件与研发活动的相对价格 P_C/P_R，也就是两种活动的边际成本（见图 5-8）。

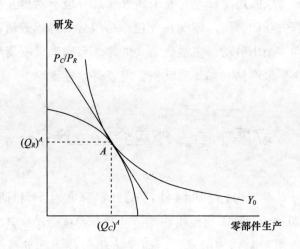

图 5-8　封闭条件下发展中国家企业均衡

二　国际外包体系下的发展中国家企业均衡

在国际外包体系下，发展中国家承接发达国家跨国公司的零部件生产外包业务，然后将其出口到发达国家，同时从发达国家获取与技术相关的支持、培训和溢出，可以将这些活动看作是进口研发活动的形式。假设发展中国家承接的零部件生产价格与其进口的研发活动的相对价格为世界相对价格，以 $(P_C/P_R)_w$ 表示，可能存在以下两种情况：

1. 世界相对价格 $(P_C/P_R)_w$ 高于封闭条件下的相对价格 (P_C/P_R)

在发展中国家，非熟练劳动的相对工资低于发达国家非熟练劳动的相对工资，发展中国家企业密集使用非熟练劳动的零部件生产业务的相对成本也低。因此，发达国家选择减少其国内零部件生产，而将该业务以合同的方式转移给相对价格更低的发展中国家外包企业进行生产。这使对发展中国家零部件生产相对需求上涨，发展中国家企业非熟练劳动需求上涨，从而零部件生产的相对价格上升，高于国内封闭条件下的相对价格，即出现 $(P_C/P_R)_w >$ (P_C/P_R)。

图 5 - 9 描述了国际外包条件下发展中国家企业的均衡。这时，零部件生产的世界相对价格线与企业生产可能性边界相切于点 B。由于世界相对价格 $(P_C/P_R)_w$ 高于国内封闭条件下的相对价格 (P_C/P_R)，世界相对价格线比无贸易时发展中国家相对价格线陡峭。因此，发展中国家企业的生产点从封闭条件下的均衡点 A 沿可能性边界移到 B 点，表明企业承接外包业务后使用 $(Q_C)^c$ 单位的零部件与 $(Q_R)^c$ 单位的研发投入组合，将会增加零部件生产同时减少研发活动。

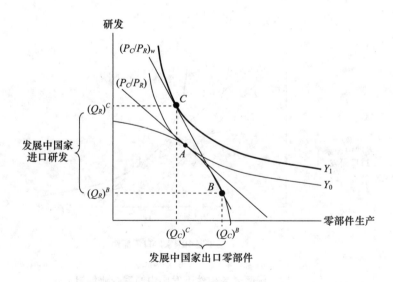

图 5 - 9　国际外包条件下发展中国家企业均衡

由于发展中国家承接零部件外包并出口，企业达到生产可能性边界之外的 C 点。在这一点上，世界相对价格线与新的等产量曲线 Y_1 相切，表明企业生产最终产品的最大产量为 Y_1。发展中国家外包企业出口 $((Q_C)^B - (Q_C)^C)$ 单位的零部件，进口 $((Q_R)^C - (Q_R)^B)$ 单位的研发活动。

2. 世界相对价格 $(P_C/P_R)_w$ 等于原来封闭条件下的相对价格 (P_C/P_R)

当发达国家基于国外低成本优势，将其部分零部件生产业务转移给发展中国家外包企业时，使对发展中国家零部件生产相对需求上涨，对国内非熟练劳动的相对需求也有所提高。然而，由于发展中国家国内存在大量尤其是非熟练劳动力闲置（这一点也符合中国实际情况）。因此，尽管外包业务增加了对本国非熟练劳动的相对需求，然而，并没有造成零部件与研发活动的世界相对价格 $(P_C/P_R)_w$ 的变化，即 $(P_C/P_R)_w = (P_C/P_R)$。

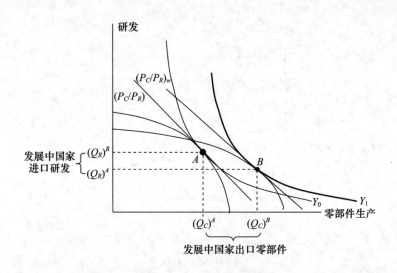

图 5 - 10　国际外包条件下发展中国家企业均衡

这种情况下，外包企业生产可能性边界发生变化，即从事零部件生产和研发活动所使用的不同数量的熟练劳动和非熟练劳动的组合发生改变，具体表现为从事零部件生产的非熟练劳动的相对数量增加。零部件生产的世界相对价格线与企业生产可能性边界相切于点 B。由于世界相对价格 $(P_C/P_R)_w$ 和国内封闭条件下的相对价格 (P_C/P_R) 相等，世界相对价格线与无贸易时发展中国家国内相对价格线平行。因此，发展中国家企业的生产点从封闭条件下的均衡点 A 转移到新的企业生产可能性边界上的 B 点，这时企业承接外包业务后使用 $(Q_C)^B$ 单位的零部件与 $(Q_R)^B$ 单位的研发投入组合。与此同时，由于发展中国家承接零部件外包并出口，企业达到新的等产量线 Y_1，并且与世界相对价格线相切于企业生产可能性边界的点 B 上。表明企业生产最终产品的最大产量为 Y_1，发展中国家出口 $((Q_C)^B - (Q_C)^A)$ 单位零部件，进口 $((Q_R)^C - (Q_R)^A)$ 单位研发活动。

3. 外包企业的收益

通过上述分析可以得出，在上面两种情形下，发展中国家外包企业承接发达国家的零部件生产业务，都得到一条超过企业在封闭条件下的等产量曲线，使其最终产品产量由 Y_0 提高到 Y_1，表明企业最终产品产量获得了提高，其差额 $(Y_1 - Y_0)$ 即为发展中国家企业通过承接外包获得的收益。

对于发展中国家来说，通过承接发达国家零部件外包业务使企业生产出更多的最终产品，可以提升企业的生产效率，降低企业的生产成本，为企业升级提供了必要条件。

第四节　发展中国家外包企业升级路径

面对国际金融危机冲击、国内产业结构矛盾加剧的双重挑战，转型与升级成为发展中国家外包企业的必然选择。

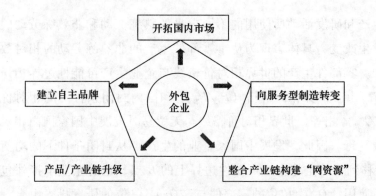

图 5 – 11   发展中国家外包企业升级路径

一   开拓国内市场

在国外需求不断萎缩的情形下，发展中国家外包企业开始逐步改变原来以外销为主的市场模式，向开拓国内市场或者内外销市场并举的模式进行转型。其中，对于服装、鞋帽、玩具、家具、机电等行业中的外包企业来说，由于产业结构调整的压力更大，因而企业向内销转型的动机也更为明显。其主要原因是由于在传统外包的经营模式下，外包企业一般根据国外客户要求的规定标准提供产品，虽然利润率低，但由于每笔订单的涉及数量往往很大，因此外包企业大多只负责生产，其销售渠道基本上完全依赖品牌商及其海外分销商。同时，许多外包企业习惯于接受海外大订单，忽视国内较小数额的订单，导致企业过度依赖海外单一市场，一旦国际市场发生重大变化，企业便面临巨大风险。因此，在海外市场不确定性风险大大增加的情况下，通过拓宽国内市场及渠道不仅有利于增强企业应对风险的动态能力。此外，由于相对海外市场需求来说国内市场信息更加充分和对称，发展中国家外包企业在开拓国内市场并提供相应服务的过程中，能够快速获得市场能力的提升。

在原有外包模式下，企业接受的国外订单主要来自海外批发商，订单大多涉及金额数量大，以批量销售为主，强调准时交货。而国内市场需求更多选择产品种类多样，金额、数量较小的订单，并且要求距离终端客户较近，能够更多反映客户个性化的需求。因此，对于向内销转型的发展中国家外包企业来说，开拓国内市场应更多致力于拓宽产品种类及其适应的行业范围，在提高产品质量和消费者需求反应速度的同时，注重加强与终端经销商之间的联系，从而创造更多的服务价值和利润。

二　产品/产业链升级

鉴于当前大多数发展中国家外包企业处于全球价值链低端，为了提高企业在全球价值链的地位和产业话语权，提升企业抵抗风险的能力和盈利水平，许多企业还通过从附加值较低的产品/服务环节转向附加值较高的产品/服务上，或将产业链整体攀升，来实现企业转型升级的尝试。

1. 产品/服务升级

一般指外包企业从所处的加工、装配制造等产业链低端环节向研发设计、物流营销等高端环节升级，即沿"微笑曲线"从底端向两端攀升（见图5－12）。价值链高端环节的获取往往是企业通过增加研发投入、开拓市场、加强营销的结果。因此，通过产品/服务从价值链低端向高端升级，虽然可能导致产品销售数量有所减少，但是由于高端产品/服务标准化程度较低、产品/服务及其价格差异较大。因此，往往能够获得更高的利润率，有利于企业竞争力的增强。

2. 产业链升级

一般指企业脱离原有的生产及经营活动，进入新的一个产业链条，或者向位置更高的（附加值更高）的价值链跨越的过程。在此过程中，企业不断增加在新的价值链中的市场份额，获取更高的利润率，从而实现企业转型与升级。在发展中国家外包企业转型升级实践中，一些企业基于自主创新模式积极构建企业自己主导的价值链，尽管附加值含量较低（表现为曲度较小的"微笑曲线"）（见图5－12），但是研发设计、营销网络、供应链管理、品牌形象设计及管理等战略环节均由企业自主控制，企业成为该价值链的治理者；此外，还有一些企业凭借从原有位置较低价值链获取的知识/能力尝试向全球生产体系中更高地位的价值链进行攀升。

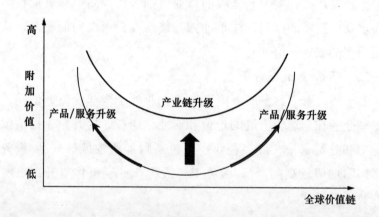

图 5-12 发展中国家外包企业产业链升级模式

三 建立自主品牌

随着世界市场竞争的日益加剧，品牌越发体现出其在企业及产品最终价值方面的重要作用。良好的品牌不仅有利于在消费者中树立良好的企业及产品形象，更是企业获取营销渠道、合作伙伴，提高企业市场地位和盈利能力的有力保障。

当前，大多数发展中国家外包企业采取的外包模式是在品牌缺失的情况下主要依赖低成本劳动力、单一的大客户订单及批量制造能力来维持企业的生产经营。这种薄利多销的制造模式盈利效果差，缺乏可持续性。因此，通过实施品牌战略、建立自主品牌是许多外包企业，尤其是具有一定市场和技术能力的企业转型升级的重要途径之一。

然而，构建和经营自主品牌不仅需要发展中国家外包企业具备独立研发、创建销售渠道与网络的能力，还需要企业投入大量时间、资金，并且是企业提升自身综合能力的漫长过程。加上发展中国家外包企业往往缺乏建立品牌的相关经验，尤其对于众多中小型外包企业来说,建立品牌的投入回报具有很大的不确定性。因此,企业应根据自身发展情况,先确立外包与自主品牌在企业经营中的相对地位,同时思考企业向品牌经营转型过程中如何利用自身外包生产的延伸优势进行品牌创新方面的努力,在此基础上制定明确的差异化品牌战略。

以消费品行业为例,首先,发展中国家外包企业应进行精确的产品和市场定位,从规模外包到小批多样规模定制,以避免品牌泛化和价值淡化。尤其对于中小型企业来说,可以将企业有限的资源聚焦在特定的小众市场,以产生显著的品牌及市场效果。对于具有一定实力的大型企业来说,可以先在某一特定市场建立品牌地位,之后逐步向其他细分市场延伸,也可以通过收购现有品牌实现品牌构建的快速突破。其次,企业要确立自身独特的设计风格。许多发展中国家外包企业在与国际品牌商接触的过程中,逐步积累了一定的品牌知识。从外包向建立自主品牌转型的过程中,企业可以利用其成熟外包方式下产品制造及其增值服务方面的优势,同时借鉴品牌商或同行竞争者品牌设计及营销优势,逐渐扩大企业在行业和目标消费群体的影响力,实现其品牌战略目标。

四 向服务型制造转变

当前,在全球范围内制造与服务之间的界限越来越模糊,传统的制造价值链不断扩展、延长,制成品附加值构成中制造环节所占的比例越来越低,而专业化生产服务及中介服务所占比例越来越高,全球经济正在从制造型经济向服务型经济过渡。与此同时,虽然中国外包产业生产规模不断扩张,但是大多数发展中国家外包企业正在受到产品同质化、利润率下降、消费需求日益个性化的挑战,这也是导致发展中国家外包企业长期处于全球价值链低端的根本原因。

对于以装配制造为主要业务的发展中国家外包企业,从制造向服务转型意味着从原来"卖产品"到"卖服务"进行变革。不仅要求企业在产品价格、质量和功能上有所提升,更主要是通过整合制造与服务，开拓新的盈利增长点，提升产品附加值和客户满意度，最终使企业从单纯创造制造价值向为客户创造价值转变，实现提高企业经济效益、实现企业差异化竞争的目标（见表5-1）。

表5-1　　　　　发展中国家外包企业传统外包模式与
服务型制造模式的区别

	传统外包模式	服务型制造模式
企业关注中心	产品	服务
业务种类	产品制造及销售	基于产品的增值服务，或全面的解决方案
企业利润来源	同质、无差异化产品和服务	创新、差异化的增值服务
竞争手段	价格、产品功能上的竞争	服务质量、创新能力的竞争
服务对象	品牌商	最终客户或消费者
与服务对象交流互动程度	有限	持续贯穿整个产品生产周期
对市场需求了解程度	片面	全面

根据全球上市公司财务分析库（OSIRIS）的统计，制造企业提供的服务类型主要有以下12种：①咨询；②设计和开发；③金融；④安装和实施；⑤租赁；⑥维护和支持；⑦外包和运营；⑧采购；⑨知识产权和房地产；⑩零售和分销；⑪系统和解决方案；⑫客运和货运。其中，最为常见的服务环节包括设计和开发、系统和解决方案、零售和分销以及维护和支持服务。

根据提供服务的类型，可将制造型企业向服务型制造企业转变的模式分为两种：基于产品的一般增值服务模式和脱离产品的专业服务模式（见表5-2）。一般增值服务模式是在产品基础上构筑的服务模式，该模式的实施主要取决于企业的制造能力。因此，对于在制造环节上具有高效、量产、准时供货等特点的大多数发展中国家外包企业来说，基于产品的一般增值服务模式可以在相当程度上发挥和延续企业原有的制造优势，有利于企业在相对短的时间内获得新的竞争优势，因此，适用于大多数发展中国家外包企业。与基于产品的增值服务模式相比，实施脱离产品专业服务模式的外包企业必须能够正确地估价市场专业服务的需求及接受程度，并将服务部门从原有的产品系统中剥离出来。因此，只适用于那些具备卓越、全面的运营能力和完善的组织架构的企业。

表 5 - 2　　　　　　　　两种不同类型的制造型服务模式比较

	基于产品的增值服务	脱离产品的增值服务
售前	客户体验、个性化服务、产品交易平台	咨询、研发设计、样品检测
供应链/销售	零部件管理、供应商库存管理、金融租赁服务、电子采购、店内促销	采购外包、专业物流、逆向物流、代销
售后	产品保修、维修服务、物品回收	"品牌中立"类维修、IT外包、人力资源外包、呼叫中心外包

实际上，虽然脱离产品的服务模式对于企业能力的要求更高，其与基于产品的增值服务模式本质上并不相互排斥。具备良好服务能力的企业可以将这两种模式有机地结合起来，在为客户解决关键业务问题的同时也为其提供更多的与产品有关的价值。

五　整合产业链构建"网资源"

2008 年爆发的全球性金融危机通过产业链的传导效应，给许多发展中国家外包企业的经营带来巨大冲击，由此也促使这些企业深刻认识到产业链稳定对于企业发展的重要性。在全球化趋势不断加强、各国经济依赖日益加深的今天，维持产业链稳定关系最可靠、最现实的方式是对产业链进行上下整合，将产业链掌握在企业自己手中。虽然当前中国制造业的传统比较优势有所削弱，然而，由于拥有巨大的产能和庞大的国内市场容量，中国制造企业仍然具有较强的制造优势和国际竞争力。与此同时，中国基础设施完善、大多数行业产业链齐全，部分行业和区域的市场模式已经开始向全产业链交易市场过渡。在这种新的市场模式下，市场不再是传统的批发/零售市场，而是包含整个产业链条的所有交易，从上游原材料采购一直到下游成品买卖都可以在市场内部完成。具备了全产业链交易市场的外部客观条件，发展中国家外包企业可以通过上下整合产业链的相关资源，进一步节省企业成本，并在此基础上开拓新业务、新市场，加强或确立企业在产业链中的核心地位。

当前，发展中国家外包企业仍然主要采取基于标准流水线制造工艺的"泰勒制"生产方式。在这种利用企业"厂资源"优势实现高产能、低成本大规模制造的模式下，企业处于"车间经济"的终端位置。而在企业生产的整个产业链条上，还有三个相互独立并相互关联的产业形态：物流采购、供应链管理和信息技术整合。发展中国家外包企业如果能在"厂资源"的基础上结合这三种业态形式，将其整合为企业所在产业链的"网资源"，不但能够降低采购商、消费者的需求弹性，更为重要的是能够增强企业的谈判能力和定价权，提高企业的利润率及国际竞争力。

第五节　富士康集团升级的案例研究

一　富士康集团简介

富士康集团全称"富士康集团"，在中国台湾称为"鸿海集团"。集团于1974年创建于中国台湾，1988年投资于中国大陆。是专业从事电脑、通信、消费电子、数位内容、汽车零组件、通路等"6C"产品研发制造的高新科技企业，广泛涉足云运算服务及新能源、新材料开发应用。目前，该集团已拥有百余万名员工及全球顶尖客户群，是全球最大的电子产业科技制造服务商，也被称为"全球代工之王"。2011年，进出口总额达2147亿美元，占中国大陆进出口总额的5.9%，旗下19家公司入围中国出口200强，综合排名第一。

富士康集团是著名的高科技企业，拥有快速增长、数量众多的专利申请及核准成果。截至 2011 年年底，富士康集团全球专利申请累计 102000 余件（大陆申请 37900 件），核准量达到 47220 件（大陆核准 18500 件），连续七年名列大陆地区专利申请及获准数量冠军。连续六年为国际领先的技术分析机构 iPIQ 评为电子设备领域第一名。

1. 集团全球布局

富士康集团在中国大陆和台湾地区、日本、东南亚及美洲、欧洲等地拥有上百家子公司和派驻机构，全球布局策略为"两地研发、三区设计制造、全球组装交货"。

（1）"两地研发"是指以大中华区与美国为两大重要战略支点，组建研发团队和研究开发实验室，配合集团产品发展策略和全球重要策略客户产品发展所需，进行新产品研发，创造全球市场新增长点。

（2）"三区设计制造"是指以中国大陆为中心，亚美欧三大洲至少设立两大制造基地，结合产品导入、设计制样、工程服务和大规模高效率低成本品质的垂直整合制造优势，提供给客户最具竞争力的科技产品。

（3）"全球组装交货"是指在全球范围内进行组装，保证"适品、适时、适质、适量"地把货物交到客户指定的地点。为此，配合客户所需进行全球性物流布局与通路建置，已达成"需要供货时有货可供，不需要供货时"零库存"的目标。

2. 集团国内布局

在国内，富士康集团通过不断提升研发设计和工程技术服务能力，建立起以东南沿海地区为中心，逐步向内陆延伸发展的布局。

（1）珠三角地区。布局深圳、佛山、中山、东莞、惠州等地，深圳园区，目标是打造专注科技研发和电子商务的"五中学一基地"，以加速集团产业转型升级，力争成为珠三角地区产业转型升级的基地。

（2）长三角地区。布局昆山、上海、南京、淮安、阜宁、杭州、宁波、嘉善等地，形成以精密连接器、无线通信组件、液晶显示器、网通设备机构件、半导体设备和软件技术开发等产业链及供应链聚合体系，促进区域产业结构优化和升级。

（3）环渤海地区。布局北京、天津、烟台、廊坊、秦皇岛、营口等地，以无线通信、消费电子、云运算、纳米科技、电脑组件、伺服马达、精密机床、环境科技等为骨干产业，为区域经济发展输送科技与制造能力。

（4）中西部地区。布局太原、晋城、郑州、济源、南阳、重庆、成都、武汉、南宁、北海、丰城、长沙、衡阳等地，重点发展精密模具、自动化设备、镁铝合金、汽车零部件、光机电模组、智能手机、平板电脑等，助推"中部崛起"和"西部大开发"国家发展战略实施。

二 集团事业群构成

富士康集团一共设立十五个事业群。其中，成立最早的事业群包括消费电子产品事业群、资讯系统整合与服务产品事业群、网络连接产品事业群及消费电子产品事业群等（见表5-3）。具体如下：

• 消费电子产品事业群主要从事游戏机、笔记本电脑、新兴界面等产品的研发与生产，是目前全球最大的消费性电子产品研发制造商。

• 奇美电子事业群主要产品是各式TFT-LCD液晶面板模块与终端液晶显示器，是世界TET-LCD（薄膜晶体管液晶显示器）的领导厂商。

• 资讯系统整合与服务产品事业群产品遍及整个计算机领域，2009年拓展至打印机、墨水盒及笔记本电脑等生产领域。

• 通信网络产品事业群主要从事网络通信产品，是位居全球前列的网络通信产品制造商。

• 数位产品事业群主要从事时尚移动通信终端设备与影音数字

产品的研发与生产，服务于全球一流客户，是位居世界前列的数字产品制造商。

●创新数位系统事业群前身为 IDPBG 旗下 DSPG 产品次群，自 2010 年 6 月起独立运作拓展经营战略，主要从事计算机、笔记本电脑准系统及服务器等多类产品的研发、制造和组装。在亚洲、欧洲、北美洲都设有研发和制造基地。

●移动连接产品事业群是由原 NMING MH 产业处，IER 产品部与鸿胜科技合并而成的事业群，主要从事数位内容、各式印刷电路板及移动电子设备连接器、零组件等产品的研发与生产，是位居全球前列的印刷电路板制造商。

●网络连接产品事业群主要从事连接器、精密线缆与线缆装配产品的研发与生产，是位居全球前列的专业精密零组件供货商。

●企业资讯系统产品事业群主要从事机构零组件和电子消费品的研发与生产，为国际知名客户提供全方位的产品与解决方案。

●鸿超准产品事业群主要从事精密模具、自动化机器人、光学产品的研发与生产等，精密模具与机构件技术处于业界领先地位。

●科技整合服务事业群主要产品为电子阅读器等相关产品。

●无线通信机构产品事业群主要从事手机主板、零组件制造与组装等，是全球最大的手机专业制造商。

●通路事业群主要负责为集团开发、管理所有通路及其相关业务。

●捷达世软件（深圳）有限公司由集团原中央 IT 单位 SIDC 及各事业群 IT 单位整合组建而成的专业 IT 服务事业单位，主要从事 IT 系统整合规划与导入、软件测试、专业软件研发等。

●机构采购检测中心主要由华南检测中心、塑料资源应用回收中心、机构采购中心三个中心构成，专注于研发设计验证，从事机构材料及设备采购，以为集团降低生产成本。

表 5 – 3 富士康集团事业群构成

名称	创立时间	主要产品	基地布局
消费电子产品事业群（CCPBG）	—	游戏机、笔记本电脑、液晶电视、光驱、数码相机、投影机、散热系统及组件、LED 光照明、新兴界面材料等	深圳、武汉、佛山、烟台、太原、昆山、南宁七大厂区
奇美电子事业群（ChimeiInnolux）	2010	电视用面板，桌上型监视器与笔记型计算机用面板，中小尺寸面板，桌上型监视器，液晶电视等	深圳、台湾地区
资讯系统整合与服务产品事业群（CMMSG）	—	PC 准系统、主机板、机箱、零组件及 Server 主机板，打印机、墨水盒及笔记本电脑等	深圳、武汉、台北捷克、美国、墨西哥、澳大利亚、北美
通信网络产品事业群（CNSBG）	1995	光纤交换机、路由器、滤波器无线网络设备、软硬件、互联网、电子商务等网络设备	深圳、台北、中国香港美国
数位产品事业群（IDPBG）	2002	时尚移动通信终端设备，影音数字产品的研发与生产	深圳、台北美国、捷克
创新数位系统事业群（IDSBG）	2010	时尚平板计算机、台式计算机、笔记本电脑准系统及服务器	山东、台北、深圳、成都
移动连接产品事业群（MIPBG）	2009	电脑、数位内容、消费性电子产品所需的各式印刷电路板及移动电子设备连接器、零组件等产品	深圳、淮安、秦皇岛、昆山、台湾地区
网络连接产品事业群（NWING）	—	电脑、通信、消费性电子、汽车电子等领域的连接器、精密线缆与线缆装配产品的研发与生产	昆山、深圳、淮安日本、美国
企业资讯系统产品事业群（PCE-BG）	1996	电脑、主机板、显示卡、服务器、机构零组件和电子消费品的研发与生产	北京美国、捷克、苏格兰、爱尔兰

续表

名称	创立时间	主要产品	基地布局
鸿超准产品事业群（SHZBG）	1992	精密模具、光通产品、"3C"产品机构、自动化设备、自动化机器人、精密刀具、光学产品的研发与生产	深圳、昆山、太原、晋城、杭州
科技整合服务事业群（TMSBG）	2009	E–book 阅读器、DPF、LED 护眼灯等	长沙、衡阳
无线通信机构产品事业群（WL-BG）	2002	手机零组件制造与组装、手机主板、LCD 及整机生产	深圳、北京、廊坊、天津、太原、杭州、台北 美国、印度、墨西哥、巴西、匈牙利、捷克、芬兰、日本
通路事业群（NCBG）	1999	负责为集团开发、管理所有通路及其相关业务	深圳
捷达世软件（深圳）有限公司（GDSBG）	2007	IT 系统整合规划与导入、软件代工、软件测试、数位内容、专业软件、通信网络规划建置、信息安全管控及 IT 软硬件体统购、主机共管及网络服务等	深圳
机构采购检测中心	1996	研发设计验证、新材料、新技术应用及开发、产品功能测试，机构材料及设备采购	昆山、烟台、武汉、太原、北京、廊坊、天津、成都、重庆、郑州

三　集团不同时期的升级模式

在激烈的全球竞争中，面对跨国公司的全球化生产研发、销售的规模优势，富士康集团从一个小厂发展成为"全球代工之王"，其经营模式被称为 eCMMS（e–Component Module Move & Service）。eCMMS 指的是零组件模块化快速出货服务模式。第一个字母"e"指"信息流"，即利用互联网技术，使设计、生产到出货更加精确快速；第二个字母"C"指的是零组件，是产业发展的根本；第三

个字母 "M" 指生产模块；第四个字母 "M" 指移动转移；第五个字母 "S" 指 "共同设计"。其中， "e" 和 "S" 贯穿于 "CMM" 的各个环节。除此之外，企业对客户提供 "产品生命周期" 的全方位服务。

根据企业生命周期理论，富士康集团的成长历程可以分为四个时期：创业期、成长期、壮大期、成熟期。在集团发展过程中，采取了六个升级模式：生存模式；产品垂直整合模式；产品逆向整合模式；产品横向整合模式；产品多元化模式；竞争力全面提升模式。

（一）创业期（1974—1984 年）

这一时期既是富士康集团的初创时期，也是其生存时期。在创业之初，是以生产电视机小旋钮起家的，并逐渐向塑料零件、收音机等生产业务发展，以树脂射出成型技术为主。通过引进日本的先进设备，富士康集团逐渐向模具领域渗透，拥有了一定的模具技术能力。富士康集团于 1983 年进入电脑连接器业务领域。

在这个时期，富士康集团主要是为了谋求生存，积累经验，开拓市场，为以后的精密模具的发展奠定了坚实的基础。

（二）成长期（1985—2000 年）

这个时期，富士康集团专注于电脑连接器业务，在大陆设立连接器制造工厂。并且，制造水平不断提升，产品范围逐步扩大，质量水平获得快速提升，市场份额不断上升。富士康集团开始形成与全球著名工厂厂商沟通、合作的新能力，并积累起强大的客户管理能力，为其进入电脑机壳、准系统业务奠定基础。此后，随着信息时代的到来，富士康集团开始重视模具研发、制造能力，进入精密模具的机械加工阶段，生产规模不断扩大。

在此期间，富士康集团成立化学电镀部门，采用 CAD/CAMC 电脑辅助设计，较大规模地投资新式设备，不断提高模具精密度，并能够规模地生产不同品类、材质和用途的精密模具。高精度的模具使各零件之间组合装配容易进行，富士康集团通过其模具制造能力，零部件生产能力配合，形成了准系统生产能力。富士康集团的产品线也从连接器延伸至机壳、内存扩展槽、显卡、风扇等除 CPU 和内存外的所有电脑零件，开始和康柏等个人电脑厂商合作，为康柏台式个人电脑制造和组装外壳，加设电子机板组装业务，确立了电子外包事业，并逐渐成为世界最大的台式电脑工厂。

这一时期富士康集团成长和升级的模式有两个：一个是产品垂直整合模式，另一个是产品逆向整合模式（见图 5 - 13）。

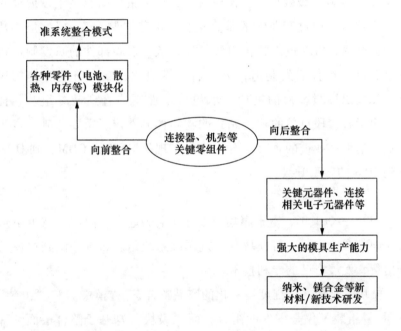

图 5 - 13　垂直整合模式（"↑"表示向前整合；"↓"表示向后整合）

1. 产品垂直整合模式

富士康集团以计算机连接器加工为主，通过发展精密模具核心技术，向前和向后进行垂直整合，以低成本、高质量、快速、大量出货的优势，建立产业地位。

（1）企业升级表现。由于最初的富士康集团是一家机电整合的制造公司，产品以机械零组件为根，电子组件为本，材料知识为基础。在机械零组件里，无论模具、塑胶、成型、冲压、电镀，还是自动化组装，零组件是根；电子组件里，无论主板、手机模组等，电子组件是本；材料知识里，机械和电子产业的上游都是材料，需要从事材料研发，如热传、高速传输、塑胶粒、合金等。因此，富士康集团必须基于 eCMMS 模式，进行垂直整合。由于连接器品种繁多，要求精密度高，需要企业同时进行向后整合。同时，为了降低成本，完成快速的大规模生产，集团必须向前进行整合。

（2）企业升级效果。在该模式下，富士康集团专注于发展模具的核心技术，通过产业链的垂直整合，构建"制造王国"。集团从连接器起家，继而进入整机组装领域，从一般零部件的研发制造拓展至关键零组件研发制造，为之后的模块化、软件研发和销售通路，发展出按照客户的需要，承包从零件制造直到最终组装、检查、出货各阶段订单的"一站式购物"体制奠定了重要基础。富士康集团借助产业链的垂直整合，逐步实现从 OEM 到 ODM、到 OBM 再到 JDM 的转型升级。

2. 产品逆向整合模式

1996—2001 年，富士康集团以连接器为起点，向产业链上下进行逆向整合发展，实行模块化，进军准系统组装领域，做到快速整合出货，发展自己的专利技术。

模块，是指一定程度规格化的产品整合态。"模块"和"组装"不同，"组装"仅是零件的组合，而"模块"却基于整合层面。许多电子零件都有模块化的制造过程，"准系统"就是一种组装前的模块化产品。模块化的过程，需要精密的工程设计，例如各种元器件的最佳搭配，功能的最佳发挥，节能环保等技术的最佳配合，材料和制造成本的最大降低等。

（1）企业升级表现。富士康集团从"零组件"到"模块化"再到"快速整合出货"，属于"向下"整合方式，与过去台湾地区许多企业"向上"整合方式相反。由于大多数组装企业属于下游，从上游购买零组件。此外，主机板厂商也会从上游购买连接器等插槽。由于中游、下游均拥有一定电子系统设计能力，因而，能够将零件进行完整的组装。

　　同时，"向上"也称为"顺向整合"；"向下"称为"逆向整合"。此外，与协助厂商竞争是顺向整合；与客户竞争是逆向整合（见图 5 – 14 和图 5 – 15）。相比之下，逆向整合往往拥有更大的发展空间。

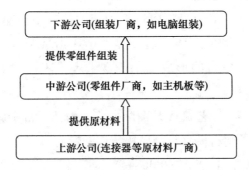

图 5 – 14　顺向整合模式

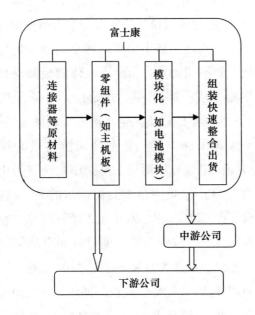

图 5 – 15　逆向整合模式

（2）企业升级效果。在该模式下，富士康集团依靠精密模具的强大实力建立起 OEM 全球优势。凭借"两地研发、三区设计制造、全球弹性交货"的国际化战略，在全球计算机、通信和消费电子整机组装领域建立了低成本、高品质、速度快、服务好等全方位的竞争优势。例如，富士康集团能在 48 小时完成产品设计，24 小时试制出样品，6 个星期量产新机种，而同样的产品在其他公司至少需要 4 个月。而且，富士康集团还把物流和信息中心建到客户附近，缩短与客户及市场的距离，通过提供迅速出货服务，满足客户需求。这些核心竞争力的形成都基于富士康集团强大的精密模具实力，包括冲压模具、压铸、金属冲压、塑胶射出、组装冶具、镁合金、纳米技术等，工艺流程是国际一流，因此，富士康集团也成为全球最大的电子塑料模具与金属压铸件制造商。

（三）壮大期（2000—2006 年）

1. 企业升级表现

2000 年，富士康集团开始进行手机代工，并在东京成立关系企业 Fine Tech 公司，由对精密模具与铸型相当有研究的东京大学名誉教授中川威雄管理。此时，富士康集团的手机塑胶框体射出成型用的金属模具达到一个星期就货，而金属框体的金属模具最迟 3 天就能交货的生产供货速度。2001 年，开始代工电脑主机板，并接到 P80 电脑的订单，这是富士康集团进入准系统领域后最重要的订单。

同时，富士康集团通过接到索尼公司游戏机 Play Station 的订单，开始游戏机的代工业务。两年，富士康集团成为中国第一家保税工厂。2002 年，富士康集团争取到英特尔的 P4 连接器订单，其捷克工厂也落成投产。2003 年，富士康集团同时拿下全球最大手机厂商——诺基亚和摩托罗拉的订单。通过并购全球第三大手机外壳制造厂——芬兰艺模公司和摩托罗拉在巴西的制造工厂，奠定了富士康集团手机 eCMMs 的垂直整合地位。同年，富士康集团进入光通信和镁合金领域。并于 2004 年全年营收突破 1400 亿元人民币，首次超过全球代工第一厂——美国伟创力，成为 EMS 领域的全球第一。2005 年，富士康集团成为全球第一大手机代工厂。并且，获得安泰电业的加盟，向汽车电子行业发展。

在这一时期，富士康集团实行的是产品横向整合模式。富士康集团开始从计算机产品领域向手机、数码相机、汽车电子业务等领域延伸，进行产品横向整合（见图 5 - 16），完成代工外的版图扩张。

从"关键零组件"到"模块化"，从而生产出完整的电子产品。这个过程中的零件、技术、设备、员工经验等都可以迅速地转移到另一种相似或相同的电子产品生产中。掌握了连接器技术，电脑可以用，手机也可以用，甚至是汽车也可以用。再加上富士康集团强大的模具能力做支撑，就可以快速拷贝复制产品，进而富士康集团就可以不停地进入新领域，研发新产品，缔造新产业。

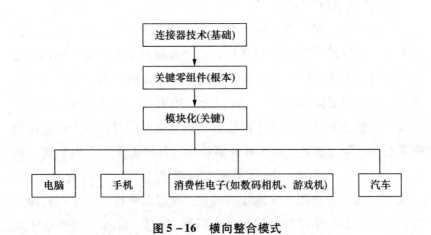

图 5 - 16　横向整合模式

2. 企业升级效果

在这个时期，随着富士康集团实力的增强，它开始向各个领域发展，为各大品牌代工，为了避免与客户竞争，富士康集团一直没有推出属于自己的品牌。虽然从实际看来，"富士康集团"是鸿海科技集团1988 年创立。然而，随着集团的发展壮大，其生产的电气连机器、电脑机壳及准系统、主板、通信设备零组件等产品，已经成为相对独立的国际品牌。富士康集团为英特尔生产电脑主板、连接器，为惠普、戴尔生产 PC，为苹果生产 iPod、iPhone 智能手机和 iPad 平板电脑，为索尼生产 play station，为摩托罗拉、诺基亚生产手机组件，为思科生产网络交换机等。通过打造"富士康集团"品牌积累 OBM 实力，成为全球"代工之王"。

（四）成熟期（2006 年至今）

2006 年至今，是富士康集团科技集团的成熟时期，这个时期有两个模式：第一是产品多元化整合模式，第二是竞争力全面提升模式。

1. 产品多元化模式

2006—2011 年，富士康集团进行全球化的并购活动，实行产品多元化的整合，并尝试实现为客户提供"一条龙"服务，从而完成企业在成熟期的升级活动。

（1）企业升级表现。2006 年，富士康集团收购普立尔科技，拥有完整的相机开发能力；2009 年，签约收购日系大厂设在墨西哥蒂华纳的液晶电视工厂，开辟消费性电子产业发展新局，且并购奇美电子以建立内制化软件开发与资讯流；2010 年，万马奔腾首家电器超市（旗舰店）在深圳龙华科技园正式开业，同时，富士康集团通路事业群已专门成立了电子商务事业处，具体负责"飞虎乐购"的经营，以"3C"为主，拓展至全方位的产品线，向百货类发展；2011 年，富士康集团在江苏盐城成立富昱能源科技（阜宁）有限公司，向光伏产业投资，准备生产太阳能电池及组件；6 月，富士康集团宣布进入消费云、专利云、工业云、宽带网络与智能电网等领域，7 月，富士康集团母公司接收美国思科公司设在墨西哥的工厂，就是为未来联网电视、云端运算商机提前铺路。

（2）企业升级效果。在这个模式中，富士康集团利用先前积累的资本和实力，通过收购和合资等方式逐步获得关键部件的制造能力。20 世纪 90 年代以后，富士康集团开始重视模具关键零部件的研发、制造。如为了得到画质补偿与机壳加工技术以及玻璃模压镜头生产能力收购普立尔科技；为了获得面板制造领域的核心技术并购台资奇美电子和统宝光电；为了得到数码相机光学镜头磨造技术收购佛山全亿大科技等。此外，富士康集团还通过掌控销售渠道，进入终端市场，富士康集团可以为客户提供从生产到销售的一条龙服务，从而能获得更多的代工订单。集团坚持"对渠道的投资，不是为了要掌握品牌，而是掌握供应链和消费者行为"。掌握了消费行为，就可以有针对性地研发产品，设计符合消费者的产品，满足品牌商的要求。因此，富士康集团专门成立了通路事业群，以赛博数码、敢创数码、万得城、万马奔腾等形式进军家电销售行业，此外，还成立电子商务事业处，负责飞虎乐购的网络销售平台。

2. 竞争力全面提升模式

2011 年至今，富士康集团继续通过提升新兴产业领域的创新，从而使集团竞争力得到全面提升。

（1）企业升级表现。首先，为了全面提升智能手机、数码相机、电视机等消费性电子领域的技术能力，富士康集团公司在第十二届中国西部国际博览会上与四川长虹集团有限公司共同投资 32 亿元在绵阳经开区建设智能手机项目；2012 年 3 月底，通过增资获得日本夏普公司 10% 的股份，同时购买夏普最高端的位于日本十代面板线厂的一半股权，成为全球面板业大鳄；此外，富士康集团也将投资 10 亿元巴西币在巴西雷亚尔（ITU）成立零组件厂，为智能手机、平板电脑和其他电子产品提供成品组装流水线；近期，中国台湾鸿海集团通过子公司 Foxtep Holding Inc. 向美国影像技术公司 Woodman Labs 投资 2 亿元，取得约 10% 股权，并参与到 Woodman 公司的相关业务。

其次，为了全面提升汽车领域、科技研发的技术业务，富士康集团科技集团分别与一汽集团、长春市签订战略合作框架协议；与启明公司、农安县签订合作协议；与中科院长春应化所签订新材料投资意向书；与中国科学院长春光机所签订科技孵化中心合作协议；与长春市签订电视及组装基地合作协议。

最后，为了降低成本，提高企业竞争力，富士康集团科技集团引进机器人，以代替人工，减少人力资本。

（2）企业升级效果。在该模式下，富士康集团主要是通过设立研发中心获得核心技术富士康集团已建立起遍布亚、美、欧三大洲的专业研发网络和知识管理平台，积极推进跨领域科技整合，在纳米科技、精密光学、环保照明、平面显示、自动化、热声磁、工业量测、半导体设备、云运算服务领域取得丰硕成果。截至 2011 年年底，集团全球专利申请已累计 102000 余件，核准量达到 47220 件，连续七年名列大陆地区专利申请总量及发明专利申请量前三强，连续九年获台湾地区专利申请及获准数量双料冠军；2011 年美国专利获准排名第十名。

随着富士康集团公司规模不断扩大。集团在全国各地已拥有 30 家子公司。然而，随着世界经济形势出现新的变化，美国次贷危机及金融市场引发各国市场需求下降，原材料价格上升，订单下滑、成本增加等严峻形势，富士康集团经营和发展都面临了严重的挑战。与此同时，新技术、新工艺、新材料、新设备的快速发展日益改变人们的生产方式和生活方式。主要基于低成本优势快速发展的富士康集团面临从"制造型"企业向"智造型"企业转型的重要任务。因此，目前，也是富士康集团寻求进一步转型升级的探索阶段。

第六章　中国外包企业升级的实证检验

第一节　外包企业技术效应模型及估计

一　模型设定及变量选取

1. 基本模型

本书借鉴 Feder（1982）研究出口对经济增长影响的分析框架，将国内制造企业分为外包企业和非外包企业两种。并假设：

（1）在同一行业中，所有外包企业具有相同的要素边际生产率，生产函数相同。

（2）在同一行业中，所有非外包企业也具有相同的要素边际生产率和生产函数。一国生产函数可写为：

$$Y = Y(K, L) = N + O = F(K_N, L_N) + G(K_O, L_O) \tag{6-1}$$

其中，O、N 为外包企业和非外包企业，Y、K 和 L 分别指产出、资本及劳动。根据上文构建的理论框架，发展中国家外包企业通过嵌入国际生产体系，从而获取先进的技术和参与国际市场竞争，扩大了产能和市场份额，生产效率和技术水平得以提升。因此，有如下命题假设：

命题 1：外包企业与非外包企业之间存在技术差距，表现为要素边际生产率不同，并且两者资本边际生产率与劳动边际生产率差距相同。假设：

$$\frac{\partial G/\partial K}{\partial F/\partial K} = \frac{\partial G/\partial L}{\partial F/\partial L} = 1 + \delta \qquad (6-2)$$

其中，$\partial G/\partial K$、$\partial G/\partial L$ 分别为外包企业资本及劳动边际生产率，$\partial F/\partial K$、$\partial F/\partial L$ 为非外包企业资本及劳动边际生产率。如果与非外包企业相比，外包企业生产具有技术优势，则 $\delta > 0$。

当前，在中国承接发达国家外包业务的企业中，外商直接投资（FDI）企业占有重要地位。许多外包企业不仅具有典型的出口倾向，而且还表现出显著的 FDI 特征。根据 FDI 技术溢出的研究成果，FDI 企业的先进技术主要通过竞争和示范、产业前后向关联和人员流动等渠道对东道国当地企业溢出（Kokko，1994）。结合中国外包企业的 FDI 特征及外包业务特点，得出中国外包企业对非外包企业的溢出效应主要有以下渠道：

（1）竞争效应。由于外包企业生产技术水平较高，市场经验较为丰富，其参与使国内市场竞争越发激烈。为避免自身市场份额受到挤压和冲击，非外包企业不得不采取扩大技术投入、提高要素使用效率等措施，以增强自身竞争力。

（2）示范效应。为达到发包企业的生产要求，许多外包企业往往购买和使用相对国内更为先进的生产技术、设备及工艺。而这些技术、设备和工艺在国内市场竞争过程中逐渐被非外包企业所获知和模仿。与此同时，一些非物化的隐性知识也在此过程中得到转移，随之产生"干中学"效应，促使非外包企业的生产效率和技术水平得以提升。

（3）人力资本流动效应。为保证其采购中间品的质量，发达国家发包企业往往通过提供技术支持、人员培训甚至共同开发新产品等形式向发展中国家外包企业进行技术转移。而当拥有熟练生产技术和先进管理经验的外包企业雇员向中国非外包企业流动时，非外包企业的人力资本水平获得提升。

考虑到外包企业的溢出效应，非外包企业的生产函数可以写为：

$$N = F(K_N, L_N, O) \qquad (6-3)$$

生产函数(6-1)可以修正为：

$$Y = F(K_N, L_N, O) + G(K_O, L_O) \qquad (6-4)$$

对式(6-4)进行求微分，得到：

$$dY = \frac{\partial F}{\partial K_N}dK_N + \frac{\partial F}{\partial L_N}dL_N + \frac{\partial F}{\partial O}dO + \frac{\partial G}{\partial K_O}dK_O + \frac{\partial G}{\partial L_O}dL_O \qquad (6-5)$$

将式(6-2)代入式(6-5)，可得：

$$dY = \frac{\partial F}{\partial K_N}(dK_N + dK_O) + \frac{\partial F}{\partial L_N}(dL_N + dL_O) + \delta\left(\frac{\partial F}{\partial K_N}dK_O + \frac{\partial F}{\partial L_N}dL_O\right) +$$

$$\frac{\partial F}{\partial O}dO \qquad (6-6)$$

将 $dK = dK_N + dK_O$，$dL = dL_N + dL_O$ 代入式(6-6)，同时方程两边除以 Y，得到：

$$\frac{dY}{Y} = \frac{\partial F}{\partial K_N}\frac{dK}{Y} + \frac{\partial F}{\partial L_N}\frac{dL}{L} + \left(\frac{\delta}{1+\delta} + \frac{\partial F}{\partial O}\right)\frac{dO}{Y} \qquad (6-7)$$

假设非外包企业劳动边际产出 $\partial F/\partial L_N$ 与社会人均产出 Y/L 之间存在线性关系，则一国产出增长的基本模型可表示为：

$$\frac{dY}{Y} = \alpha\frac{dK}{Y} + \beta\frac{dL}{L} + \chi_1\frac{dO}{Y} \qquad (6-8)$$

其中，$\alpha = \partial F/\partial K_N$，$\beta = \dfrac{\partial F/\partial L_N}{Y/L}$，$\chi_1 = \dfrac{\delta}{1+\delta} + \dfrac{\partial F}{\partial O}$。式(6-7)表明，一国总产出的增长率由两部分构成：一是生产要素(资本 K 和劳动 L)对总产出增长的贡献，反映在式(6-7)中由 α 和 β 体现；二是由于发展中国家外包企业通过获取先进技术，促使企业边际要素生产力得以提高，企业要素配置得以优化，即外包的贡献大小由 χ_1 体现。

命题2：由于 α、β 与非外包企业要素边际生产率有关，根据要素边际生产率的取值范围，α、β 可以为正、为零和负值。

命题3：外包系数 χ_1 为外包企业技术优势及其溢出效应之和。χ_1 取值及符号不确定。如外包企业拥有技术优势($\delta > 0$)，且对非外包企业产出存在正溢出效应，则 χ_1 为正值。

2. 扩展模型

在基本模型（6-8）中，外包系数 χ_1 描述了外包对产出的影响。然而，模型（6-8）将 χ_1 视为一个整体，没有将其分解。为进一步考察外包企业的技术优势及其对非外包企业的溢出效应，假设外包企业对非外包企业的溢出效应为固定弹性 λ，非外包企业的生产函数可修正为：

$$N = F(K_N, L_N, O) = O^\lambda \cdot \varphi(K_N, L_N) \tag{6-9}$$

由于 $\dfrac{\partial F}{\partial O} = \lambda \cdot O^{\lambda-1} \cdot \varphi(K_N, L_N) = \lambda \cdot \dfrac{N}{O} = \dfrac{\lambda}{O/Y} - \lambda$，基本模型（6-8）可以改写为：

$$\frac{dY}{Y} = \alpha \frac{dK}{Y} + \beta \frac{dL}{L} + \left(\frac{\delta}{1+\delta} - \lambda + \frac{\lambda}{O/Y}\right)\frac{dO}{Y} \tag{6-10}$$

从而得到外包生产率效应的扩展模型：

$$\frac{dY}{Y} = \alpha \frac{dK}{Y} + \beta \frac{dL}{L} + \chi_2 \frac{dO}{Y} + \lambda \frac{dO}{O} \tag{6-11}$$

其中，$\chi_2 = \dfrac{\delta}{1+\delta} - \lambda$。在扩展模型（6-11）中，新的外包变量系数 χ_2 是外包企业相对技术优势 $\delta/(1+\delta)$ 与外包企业溢出效应 λ 的差。如有 $\delta/(1+\delta) > \lambda$，则系数 χ_2 大于 0；反之则小于 0。

技术溢出为落后企业提供了技术进步和追赶先进企业的有效路径，其溢出效应的大小与两者之间技术差距密切相关。[①] 然而，经验研究却显示出不同的观点。一些学者认为，FDI 溢出效应与技术差距之间呈现出负相关的关系，即 FDI 企业与中国企业之间技术差距越大，中国企业学习和模仿空间也越大，从而溢出效应也越显著（Findlay，1978；Fredrik 和 Sjöholm，1998）。与之相反，一些研究得出，当与中国企业技术差距较小时，FDI 企业的溢出效应更为显著；而技术差距较大时，由于中国企业缺乏相应学习及吸收能力，

---

① 在技术溢出的理论及经验研究中，FDI 的相关成果最为丰富，外包溢出效应的研究较少。并且，由于发展中国家外包企业具有较为显著的 FDI 特征，因此，本书溢出效应的理论及经验研究是在借鉴 FDI 相关内容的基础上展开的。

因而溢出效应较小或不明显的结论（Haddad 和 Harrison，1993；Lee 和 Tan，2006）。

由扩展模型（6-11）中的 χ_2 及 λ，可以得到 $\delta = \dfrac{\chi_2 + \lambda}{1 - (\chi_2 + \lambda)}$。如果 $\delta > 0$，则可以证明外包企业具有技术优势，从而进一步得出外包企业技术优势与其溢出效应之间的关系。

3. 变量选取及数据来源

基本模型及扩展模型包括产出、资本、劳动及外包等变量。

（1）产出。各制造行业总产出变量以工业总产值表示。

（2）资本。资本存量的度量是一个复杂的过程，目前，国际上通用的资本存量度量方法有永续盘存法和资本租赁价格度量法。近年来，国内的研究成果主要集中在对全国或省际资本存量的度量上（王小鲁和樊纲，2000；王金营，2001；张军等，2004）。但由于统计资料的限制，研究结果存在较大差异。此外，对工业部门资本存量进行度量的研究成果较少，李小平和朱钟棣（2005）的研究构建的各行业固定资产投资价格指数是建筑安装价格指数和设备价格指数的加权平均，其使用的价格指数的权重资料缺乏，并且很难拓展到其他年份。度量工业行业资本存量的另一种方法是直接使用统计年鉴公布的各行业的固定资产净值年平均余额，并且以统计年鉴公布的固定资产价格指数把当年价折算成不变价，本书采用这种方法。

（3）劳动。严格意义上来说，劳动投入应当使用劳动时间表示，但由于劳动时间数据无法得到，在文献中广为使用的是用劳动力人数替代。考虑到数据的可获得性和准确性，采用年平均从业人员表示。

（4）外包。参照 Feenstra 和 Hanson（1995，1996，1999）的研究方法，选取中间产品出口贸易数据作为替代变量。

在以上指标变量中，工业总产值、固定资产净值年平均余额及年平均从业人员等数据主要来源于历年《中国统计年鉴》《中国工业经济统计年鉴》和中国统计数据库中规模以上工业企业数据。中间产品出口数据来源于 RIETI – TID 数据库。① 由于出口贸易额以美元计价，按照各年美元和人民币的平均汇率统一换算成人民币价格。为消除价格变动的影响，将工业总产值、中间产品出口数据按工业生产者出厂价格指数（1993 年 = 100）进行平减；固定资产净值按固定资产投资价格指数（1993 年 = 100）进行平减。

二 基于技术复杂度的行业划分

1. 技术复杂度指数

本书在行业选取过程中，产出、资本和就业变量的行业数据根据中国国民经济行业分类（GB/4754—2011）进行划分，RIETI – TID 数据库的行业划分是按照 SITC Rev. 3 进行分类。首先，对两种行业划分方法进行合并，最终得到 10 个行业（见表 6 - 1）。

在此基础上，采用技术复杂度指数对各制造行业的技术复杂度进行计算。一般来说，某一行业单位产品增加值越高，其技术复杂程度越高。然而，由于单位产品增加值数据难以获得，本书利用单位劳动所含增加值，在此基础上构建技术复杂度指数，对制造业的技术复杂度进行衡量。其公式为行业单位劳动创造的增加值与平均单位劳动创造增加值的比，具体表示为：

$$VLA_j = \frac{VA_j/LA_j}{VA/LA} \qquad (6-12)$$

VLA_j 表示行业 j 的技术复杂度指数，VA_j 和 LA_j 分别代表行业增加值和就业人数，VA 和 LA 表示制造业总增加值和总就业人数。当技术复杂度指数小于 1 时，表示该行业单位劳动创造的增加值较低，行业为低技术复杂度行业；当技术复杂度指数大于 1 时，表示该行业属于高技术复杂度行业。根据式（6 - 12）对中国制造业各行业的技术复杂度指数进行计算（见表 6 - 1）。

① 朱钟棣、李小平：《中国工业行业资本形成、全要素生产率变动及其趋异化：基于分行业面板数据的研究》，《世界经济》2005 年第 9 期。

表6-1

1993—2011 年中国制造业技术复杂度指数

年份 行业	1993	1994	1995	1996	1997	1998	1999	2000	2001	2002	2003	2004	2005	2006	2007	2008	2009	2010	2011
纺织业	0.74	0.78	0.68	0.74	0.76	0.70	0.70	0.66	0.62	0.58	0.54	0.52	0.52	0.51	0.51	0.53	0.54	0.55	0.57
木材/造纸/印刷	0.64	0.65	0.71	0.84	0.85	0.89	0.86	0.81	0.81	0.78	0.70	0.67	0.68	0.66	0.67	0.67	0.69	0.71	0.76
石油加工及炼焦业	3.36	3.63	4.31	3.72	3.48	2.43	2.48	3.04	3.18	3.31	3.24	3.26	2.88	2.75	2.91	2.84	2.70	2.54	2.19
化学制造业	1.06	1.09	1.18	1.26	1.20	1.12	1.11	1.11	1.11	1.11	1.11	1.17	1.16	1.14	1.17	1.16	1.16	1.16	1.17
非金属矿物制造业	0.79	0.71	0.68	0.69	0.67	0.72	0.70	0.67	0.66	0.65	0.66	0.72	0.73	0.78	0.82	0.86	0.86	0.90	0.94
金属制造业	1.63	1.55	1.33	1.20	1.16	1.11	1.11	1.12	1.15	1.17	1.32	1.49	1.59	1.66	1.71	1.67	1.66	1.63	1.61
通用设备制造业	0.8	0.83	0.81	0.76	0.75	0.72	0.73	0.71	0.75	0.81	0.80	0.84	0.87	0.91	0.92	0.91	0.92	0.94	1.00
交通运输设备制造业	1.16	1.14	1.16	1.10	1.10	1.15	1.13	1.06	1.18	1.35	1.39	1.29	1.18	1.20	1.3	1.28	1.29	1.27	1.18
电气电子设备制造业	1.20	1.21	1.49	1.43	1.58	1.69	1.70	1.76	1.69	1.61	1.53	1.31	1.25	1.17	1.02	1.00	0.98	0.93	0.87
仪器仪表制造业	0.76	0.79	0.78	0.78	0.75	0.94	0.94	0.94	0.91	0.86	0.93	0.91	0.89	0.89	0.83	0.85	0.80	0.80	0.79

2. 行业划分

根据技术复杂度指数的计算结果，可以将行业划分为低技术复杂度行业和高技术复杂度行业。

（1）低技术复杂度行业。包括纺织、木材/造纸/印刷业、非金属制造、仪器仪表制造和通用设备制造等行业。其中，纺织、木材/造纸/印刷业等传统劳动密集型行业的技术复杂度指数最低。值得注意的是，通常被认为具备较高技术含量及增加值的仪器仪表制造、通用设备制造业的技术复杂度指数也小于1。[1] 这反映出由于当前中国贸易结构主要以加工贸易为主，其中，占据很大比重的中低端机械电子类产品从全球价值链获得的增加值相当有限，使这些"高端"行业在中国却属于低技术复杂度行业。

从技术复杂度指数的变化看，纺织业、木材/造纸/印刷、非金属制造和通用设备制造业的技术复杂度主要呈现先下降、后上升的趋势（木材/造纸/印刷业则经历上升—下降—再上升的变化趋势）。其中，纺织业在1997年以后技术复杂度指数持续下降，直到2007年才有所上升；通用设备制造业和非金属制造业在进入21世纪后技术复杂度指数均以较快速度增长。而仪器仪表业的技术复杂度指数在1998年以后呈现出逐步下降的趋势。

（2）高技术复杂度行业。包括石油加工及炼焦业、金属制造业、交通运输设备制造业、化学制造业和电气电子设备制造业[2]，其中石油加工及炼焦业技术复杂度指数远高于其他行业。

从技术复杂度指数的变化看，石油加工及炼焦业与电气电子设

---

① "中间产品"是指在最终产品生产过程中投入的产品。这些产品是在初级产品的基础上经过加工或组装而生产出来的制成品，但是不属于最终产品。此外，下文在采用RIETI - TID数据库相关出口数据时，由于食品制造业中间产品出口规模较小（尤其对美国出口）。同时，玩具及其他产品制造业（Toys and Miscellaneous goods）行业分类及特征不够明确等原因，将这两个行业进行删除。同时，在对制造业总体进行描述时，为避免歧义，则直接采用数据库的总体出口数据。

② 通用设备制造业的技术复杂度指数在2011年为1.0，表明该行业逐渐达到中等技术复杂度的水平。

备制造业的技术复杂度指数先上升，然后下降。其中，电气电子设备制造业在 2000 年后技术复杂度指数快速下降。与之相反，金属制造业生产的技术复杂度指数先下降，并在 2002 年以后快速上升。此外，化学制造业、交通运输设备制造业技术复杂度指数的变化相对较小。

3. 行业技术表现矩阵

结合技术复杂度指数高低及其变化趋势，可以将所有行业进一步划分为以下四类，对其技术表现进行分析（见表 6 - 2）。

表 6 - 2　　　　　　　　　中国行业技术表现矩阵

	低技术复杂度	高技术复杂度
总体 上升	高技术潜力行业 非金属矿物制造业、仪器仪表制造业、通用设备制造业	技术进步行业 金属制造业、交通运输设备制造业、化学制造业
总体 下降	技术落后行业 纺织业、木材/造纸/印刷制造业	低技术潜力行业 石油加工及炼焦业、电气电子设备制造业

（1）技术进步行业。包括金属制造业、交通运输设备制造业及化学制造业。这些行业技术复杂度较高，同时技术呈现出不断进步的态势。然而，除金属制造业技术复杂度水平提升较为明显以外，其他两个行业技术进步较为缓慢。

（2）低技术潜力行业。包括石油加工及炼焦业、电气电子设备制造业。这两个行业虽然技术复杂度较高，但呈现出较为显著的下降趋势，表明这两个行业缺乏技术进步的潜力。

（3）高技术潜力行业。包括通用设备制造业、非金属矿物制造业及仪器仪表制造业。这些行业虽然技术复杂度较低，但总体呈现上升趋势。其中，通用设备制造业和非金属矿物制造业表现得尤为明显，表明这两个行业具有较大的技术提升潜力。

（4）技术落后行业。包括纺织业和木材/造纸/印刷制造业。这两个行业不仅技术复杂度最低，而且还有所下降。尤其是纺织业，技术复杂度下降势头十分显著。表明相对于重工业，轻工业技术含量明显偏低，在中国制造业中属于技术落后行业。

三 模型检验

（一）模型设定

由于采用面板数据计量经济方法有助于克服截面数据和时间序列数据在研究方法上的缺陷。此外，选取不同样本组的观测值，有利于对不同特征样本组中个体行业在观测期内的动态变化进行比较。从统计检验的角度看，选用面板数据有利于解决遗漏变量问题，以及消除模型中经常存在的解释变量之间的共线性，从而提高参数估计的有效性，增强模型的解释能力。一般来说，对于固定效应和随机效应模型的选择主要结合以下三个方面进行考察。

（1）从研究目的角度选择模型。根据固定效应模型和随机效应模型考察的假定前提和经济意义进行选择。

（2）从样本和总体的关系选择模型。如果从总体中随机选取样本进行分析，一般偏向采用随机模型，如果从总体中进行定向抽样进行研究，则更多地倾向选择固定效应模型。

（3）通过统计检验的手段来进行模型的设定。通过固定效应模型中固定效应 α_i 与解释变量 x_i 之间是否存在正交性对模型进行检验，如果 α_i 与 x_i 无关以至条件分布 $f(\alpha_i \mid x_i)$ 和 x_i 无关，即 α_i 与 x_i 正交，则应选择随机效应模型，如果对这种异质性的分布无约束，则 α_i 与 x_i 可能相关，认为固定效应模型更为合理。根据 Hausman 建立的 Hausman 检验的零假设和备选假设：

$$H_0: E(\alpha_i \mid x_i) = 0, \quad H_1: E(\alpha_i \mid x_i) \neq 0$$

Hausman 检验统计量为：

$$m = (\hat{\beta}_{CV} - \hat{\beta}_{GLS})' [Var(\hat{\beta}_{CV}) + Var(\hat{\beta}_{GLS})]^{-1} (\hat{\beta}_{CV} - \hat{\beta}_{GLS})$$

在零假设下，m 渐进服从自由度为 d 的卡方分布，即 $m \sim \chi^2(d)$。如果拒绝原假设，则可以认为模型设定为固定效应模型是可行的；否则应设定为随机效应模型。

由于固定效应模型和随机效应模型的研究优点和适用情况各有不同：随机效应模型可以节省大量自由度，有利于提高估计的有效性，并且能够更明确地反映误差项的来源；固定效应则能够更好地测度个体被解释变量偏离均值的差异程度。由于影响中国各外包行业产值增长的因素存在显著的个体差异，因此，从研究目的看，选用固定效应模型比较合理。同时，从统计检验角度上看，随机效应模型的 Hausman 检验拒绝了随机效应的原假设。因此，采用固定效应对模型（6－8）、模型（6－11）进行检验。

（二）检验结果

根据基础模型和扩展模型，采用各制造行业的面板数据，分别对中国制造业行业总体、低技术复杂度行业和高技术复杂度行业外包企业的技术效应进行检验。在此基础上，分别对美国、日本外包企业的技术优势及技术溢出效应进行检验。

1. 中国总体外包企业技术效应检验

根据基本模型和扩展模型，采用中国总样本的行业面板数据，对中国外包企业整体技术优势及技术溢出效应进行检验（见表6－3和表6－4）。

在基本模型的检验结果中，除高技术复杂行业外包系数以外，其他所有变量均通过了显著性检验。其中，非外包企业投资系数 α 为负，表明近年来由于许多行业固定资产投资规模迅猛扩张，资本在生产中的配置不够合理。此外，高技术复杂度行业投资系数绝对值大于低技术复杂度行业，表明中国高技术复杂度行业非外包企业边际投资生产率低下的现象更为严重。这实际上也凸显了当前中国一些制造行业存在较为严重的产能过剩，以及由此引发行业资本投入效率低下的现象。行业总体及低技术复杂度行业劳动边际生产率系数 β 为正，并且低技术复杂度行业数值远大于平均水平，表明低技术复杂度行业非外包企业劳动的边际生产率较高。然而，高技术复杂度行业劳动边际生产率系数为负，显示出随着这些行业发展规模接近饱和或过大，行业生产呈现出较为明显的规模不经济。

表 6 - 3   基本模型中中国总体外包企业的技术优势及技术溢出效应估计

变量		行业总体	低技术复杂度行业	高技术复杂度行业
常数		0.262	0.242	0.267
		(8.018)***	(6.197)***	(4.838)***
$\dfrac{dK}{Y}$		-0.377	-0.336	-0.375
		(-4.836)***	(-3.556)***	(-2.816)***
$\dfrac{dL}{L}$		0.226	0.440	-0.066
		(2.830)***	(4.126)***	(-0.372)
$\dfrac{dO}{Y}$	χ_1	0.654	0.679	0.950
		(1.946)*	(1.679)*	(1.679)*
R^2		0.732	0.861	0.692
F 值		14.134	16.792	6.072
样本数		180	90	90

注：***表示0.01的显著性水平，**表示0.05的显著性水平，*表示0.1的显著性水平。

表 6 - 4   扩展模型中中国总体外包企业的技术优势及技术溢出效应估计

变量	行业总体	低技术复杂度行业	高技术复杂度行业
常数	0.141	0.239	0.210
	(6.707)***	(6.038)***	(5.898)***
$\dfrac{dK}{Y}$	-0.094	-0.312	-0.247
	(-2.576)**	(-3.119)***	(-3.470)***

变量		行业总体	低技术复杂度行业	高技术复杂度行业
$\dfrac{dL}{L}$		0.277	0.456	-0.033
		(3.873)***	(4.184)***	(-0.229)
$\dfrac{dO}{Y}$	χ_2	-0.029	0.155	-0.020
		(-1.984)**	(1.759)*	(-1.631)*
$\dfrac{dO}{O}$		0.143	-0.083	0.149
		(2.917)***	(-1.765)*	(2.023)*
R^2		0.703	0.862	0.725
F 值		11.154	16.041	6.188
样本数		180	90	90

注：***、**、* 的意义同表 6-3。

　　三组样本外包变量系数 χ_1 均为正，表明中国外包企业通过其技术优势及其技术溢出效应，显著推动各行业产出增长。其中，高技术复杂行业 χ_1 数值远高于低技术复杂度行业，显示出技术复杂度较高的外包企业对产出的促进作用更大。

　　在扩展模型中，非外包企业投资及劳动变量系数符号与基本模型相同。行业总体及高技术复杂度行业外包系数 χ_2 为负，而低技术复杂度行业为正。表明高技术复杂度行业的外包企业技术优势小于其技术溢出效应，而低技术复杂度行业则相反。行业总体及高技术复杂度行业 dO/O 系数 λ 为正，低技术复杂度行业系数为负。显示出高技术复杂度行业外包企业生产对非外包企业生产存在正溢出，而在低技术复杂度行业技术溢出效应则为负。根据系数 χ_2 和 λ 的数值，可以进一步计算出外包企业的技术优势，即其与非外包企业的技术差距 δ。得出三组样本 δ 的数值分别为 12.9%、7.8% 和 14.8%。这一方面证实了外包企业具有较为明显的技术优势；另一方面也表明了中国高技术复杂度行业外包企业的技术优势大于低技术复杂度行业的外包企业。

2. 不同来源国外包企业技术效应检验

（1）美国外包企业技术效应检验。以美国作为发包国，对其外包企业的技术优势及技术溢出效应进行检验（见表6－5和表6－6）。

表6－5　　　　　　基本模型中美国外包企业的技术优势

及技术溢出效应估计

变量		行业总体	低技术复杂度行业	高技术复杂度行业
常数		0.282	0.256	0.286
		(8.862)***	(6.601)***	(5.284)***
$\dfrac{dK}{Y}$		-0.402	-0.330	-0.401
		(-5.138)***	(-3.421)***	(-2.981)***
$\dfrac{dL}{L}$		0.222	0.397	-0.039
		(2.734)***	(3.615)***	(-2.215)***
$\dfrac{dO}{Y}$	χ_1	0.370	0.206	0.685
		(1.773)*	(-1.972)**	(1.072)
R^2		0.725	0.857	0.684
F 值		13.662	16.254	5.856
样本数		180	90	90

注：***、**、*的意义同表6－3。

表6－6　　　　　　扩展模型中美国外包企业的技术优势

及技术溢出效应估计

变量	行业总体	低技术复杂度行业	高技术复杂度行业
常数	0.158	0.240	0.287
	(7.318)***	(6.094)***	(5.482)***
$\dfrac{dK}{Y}$	-0.098	-0.276	-0.402
	(-2.699)***	(-2.760)***	(-3.094)***

续表

变量		行业总体	低技术复杂度行业	高技术复杂度行业
$\dfrac{dL}{L}$		0.264	0.390	− 0.064
		(3.576) ***	(3.600) ***	(− 0.367)
$\dfrac{dO}{Y}$	χ_2	0.206	0.374	0.155
		(1.629) *	(2.245) **	(1.821) *
$\dfrac{dO}{O}$		0.020	− 0.092	0.024
		(2.436) **	(− 1.722) *	(2.370) **
R^2		0.764	0.863	0.709
F 值		8.631	16.194	6.24
样本数		180	90	90

注：***、**、*的意义同表6-3。

在基本模型及扩展模型的估计结果中，投资和劳动变量系数与总样本符号相同。在基本模型中，外包变量系数 χ_1 为正，小于总样本数值，表明美国外包企业生产对行业产出的促进作用小于平均水平。此外，高技术复杂度行业 χ_1 数值远大于低技术复杂度行业，表明在高技术复杂度行业，美国外包业务对国内产出的促进作用更为显著。

在扩展模型中，三组样本外包系数 χ_2 均为正，表明美国外包企业的技术优势大于其技术溢出效应。此外，低技术复杂度行业的 χ_2 值大于高技术复杂度行业。从技术溢出效应系数 λ 看，高技术复杂度行业为正，低技术复杂度行业为负。通过计算，得出美国外包企业的技术优势 δ 分别为29.2%、39.3%和21.8%，远大于平均水平，并且低技术复杂度行业的优势最大。结合低技术复杂度行业外包企业的负技术溢出效应，可以初步推断，在低技术复杂度行业，由于美国外包企业与非外包企业技术差距过大，不仅没有推动非外包企业生产，反而对其产生了显著的挤出效应。

（2）日本外包企业技术效应检验。以日本作为发包国，对日外包企业的技术优势及技术溢出效应进行检验（见表6-7和表6-8）。

表6-7　　　　　　基本模型中日本外包企业的技术优势及
技术溢出效应估计

变量		行业总体	低技术复杂度行业	高技术复杂度行业
常数		0.264	0.240	0.295
		(8.149)***	(6.251)***	(5.502)***
$\frac{dK}{Y}$		-0.370	-0.322	-0.422
		(-4.705)***	(-3.439)***	(-3.177)***
$\frac{dL}{L}$		0.214	0.391	-0.029
		(2.679)***	(3.709)***	(-2.158)**
$\frac{dO}{Y}$	χ_1	1.095	1.023	1.118
		(1.951)*	(2.137)**	(1.668)*
R^2		0.732	0.864	0.680
F值		14.136	17.295	5.764
样本数		180	90	90

注：***、**、*的意义同表6-3。

表6-8　　　　　　扩展模型中日本外包企业的技术优势及
技术溢出效应估计

变量		行业总体	低技术复杂度行业	高技术复杂度行业
常数		0.263	0.242	0.295
		(8.360)***	(6.153)***	(5.693)***
$\frac{dK}{Y}$		-0.370	-0.327	-0.422
		(-4.844)***	(-3.377)***	(-3.288)***
$\frac{dL}{L}$		0.248	0.395	-0.003
		(3.171)***	(3.666)***	(-0.018)
$\frac{dO}{Y}$	χ_2	0.104	0.138	0.080
		(2.157)**	(1.873)*	(0.596)

续表

变量	行业总体	低技术复杂度行业	高技术复杂度行业
$\dfrac{dO}{O}$	0.047	0.017	0.068
	(3.222)***	(2.227)**	(2.378)***
R^2	0.750	0.865	0.706
F 值	14.865	16.363	6.157
样本数	180	90	90

注：***、**、*的意义同表6-3。

  可以看出，与总样本及美国样本相同，日本样本基本模型及扩展模型的投资系数 α 也显著为负。此外，行业总体及低技术复杂度行业劳动变量系数 β 显著为正，而高技术复杂度行业为负。再次证实了相对于低技术复杂度行业，高技术复杂度行业非外包企业劳动边际生产率相对低下。

  在基本模型中，三组样本外包系数 χ_1 均显著为正，并且数值远大于总样本和美国样本。表明无论是低技术复杂度行业还是高技术复杂度行业，日本外包企业的总技术效应最大，其技术优势及其技术溢出效应总和明显高于平均水平和美国外包企业。在扩展模型中，三组样本系数 λ 均显著为正，表明日本外包企业对非外包企业生产起到正的技术溢出效应。并且除低技术复杂度行业以外，行业总体及高技术复杂度行业日本外包企业的技术溢出效应小于中国平均水平，但大于美国外包企业。通过计算，得出 δ 的数值分别为17.8%、18.3%和17.4%。同样证实了相对于行业内非外包企业而言，日本外包企业具有较为明显的技术优势。然而，尽管其技术优势高于平均水平，但却远低于美国外包企业。

  通过对比总样本、美国样本和日本样本中外包企业技术优势及其技术溢出效应的关系，可以得出如下推论——外包企业的技术优势与其技术溢出效应呈负相关，即外包企业与行业内非外包企业的技术差距越小，其技术溢出效应越大；反之亦然。并且这种负向关联在行业总体和高技术复杂度行业表现得尤为显著。

第二节 外包企业就业效应模型及估计

一 外包就业效应的理论框架

1. 外包的就业规模效应

一般而言，发达国家外包主要从以下三个方面对发展中国家劳动市场的就业规模产生直接或间接影响（Amiti 和 Wei，2004）。

（1）技术溢出引致的劳动节约效应。当发展中国家承接来自发达国家的外包合同时，会通过竞争效应、示范效应等对发展中国家外包企业产生技术溢出，促使其生产技术和劳动生产率得到提升。在产出既定的条件下，会减少对劳动投入的需求，即降低劳动就业规模。

（2）产出扩大引致的劳动扩张效应。发展中国家承接发达国家外包的过程往往以中间产品出口作为重要方式，由此直接带动总产出的增加，吸纳更多的劳动投入到外包生产活动中。此外，产出增加产生的规模效应会推动企业生产成本下降，提高产品的国际竞争力和外部市场需求，从而促使外包企业进一步扩大生产规模，吸纳更多的劳动就业。

（3）中间产品进口引致的劳动替代效应。在全球价值链背景下，作为发包国的发达国家将其非核心生产环节外包给更具比较优势的发展中国家。在此期间，往往伴随着中间产品的进口及出口。从发展中国家看，其在承接发达国家外包业务的过程中，经常根据发包企业要求，进口部分原材料和零部件。这些中间投入品的进口会通过替代本国同类行业生产，从而对国内劳动需求起到替代作用，使就业有所下降（Rodrik，1997）。

由于外包活动的技术溢出引致的劳动节约效应及中间产品进口引致的劳动替代效应会减少国内劳动就业，即对发展中国家就业存在负效应，也可以称为就业转移效应；而产出扩大引致的劳动扩张效应会增加国内劳动就业，属于正效应，可称为就业创造效应。因此，承接发达国家外包对发展中国家劳动就业的最终影响取决于各个正向效应能否被负向效应所抵消，即就业转移效应与就业创造效应的大小。如果就业转移效应大于创造效应，则外包导致发展中国家就业规模下降；反之则推动其就业规模上升。

2. 外包的就业结构效应

根据 Feenstra 和 Hanson（1996）的理论假设，在市场出清条件下，发包国更倾向于将技术含量较低的生产环节向外转移。由于发达国家与发展中国家之间存在较大的生产技术差距。一方面，一些生产环节可能在发展中国家同样属于低技术含量的生产活动，由非熟练劳动完成；另一方面，一些生产环节可以属于技术含量较高的生产活动，更多地由熟练劳动完成。因此，对于发展中国家国内就业市场而言，就业需求的变化主要取决于国内企业所承接外包活动所需要的劳动熟练程度。

二　模型构建及变量选取

1. 模型构建

本书借鉴 Gorg 和 Hanley（2005）的研究成果，基于 C－D 生产函数建立劳动需求模型：

$$\mathrm{Ln}L_{it} = \mathrm{Ln}Y_{it} + \mathrm{Ln}W_{it} + \mathrm{Ln}O_{it} \tag{6-13}$$

其中，Y 表示产出，L、W 分别表示劳动和工资，O 是外包率。由于就业波动在短期内往往具有一定刚性，当期就业受前期就业积累影响较大，因此，为了更好地反映就业的变化趋势，在式（6-13）的基础上增加就业的滞后一期变量，得到动态的就业效应模型：

$$\mathrm{Ln}L_{it} = \mathrm{Ln}Y_{it} + \mathrm{Ln}W_{it} + \mathrm{Ln}O_{it} + \mathrm{Ln}L_{it-1} \tag{6-14}$$

同时，外包会使相关行业工资发生变化，而工资变化又对该行业的就业需求产生影响，因此，考虑到外包与工资变动之间相互作用对劳动力需求产生的影响，在式（6-14）中加入外包与工资的交叉变量，得到如下模型：

$$LnL_{it} = LnY_{it} + LnW_{it} + LnO_{it} + LnL_{it-1} + LnO_{it} \times LnW_{it} \qquad (6-15)$$

为了比较 VSS、FH 两种测量方式下制造业外包对中国就业的影响，将式(6-14)和式(6-15)中外包率 O 分别用 VSS 和 FH 表示，得到式(6-16)至式(6-19)，即模型(6-1)至模型(6-4)：

$$LnL_{it} = LnY_{it} + LnW_{it} + LnVSS_{it} + LnL_{it-1} \qquad (6-16)$$

$$LnL_{it} = LnY_{it} + LnW_{it} + LnFH_{it} + LnL_{it-1} \qquad (6-17)$$

$$LnL_{it} = LnY_{it} + LnW_{it} + LnVSS_{it} + LnL_{it-1} + LnVSS_{it} \times LnW_{it} \quad (6-18)$$

$$LnL_{it} = LnY_{it} + LnW_{it} + LnFH_{it} + LnL_{it-1} + LnFH_{it} \times LnW_{it} \quad (6-19)$$

2. 变量选取及数据来源

模型包括产出、工资、劳动及外包等变量。

（1）产出。产出变量采用中国国有和规模以上非国有工业企业工业增加值表示。由于行业产出水平的大幅提升会产生规模效应，进而增加劳动需求，因而该变量系数预期为正。

（2）工资。工资水平变量用行业在岗职工平均工资表示。经验研究证明，行业平均工资水平越高，劳动需求就越低；反之亦然。因此，该变量系数预期为负。

（3）劳动。采用行业就业人员年末数表示。由于就业变化在短期呈现相对刚性，当期就业水平往往与滞后一期的就业同向发生变动，因此，该变量系数预期符号为正。

（4）外包率。外包率数据源于上文基于投入产出表得到的测算结果。由于外包对就业规模可能同时存在就业创造和就业转移两个效应。因而，该变量系数预期符号不确定。

由于投入产出表数据不连续，仅有 2002 年、2005 年、2007 年、2010 年数据，因而，除投入产出数据以外的各指标变量数据均来源于 2003 年、2006 年、2008 年和 2011 年的统计。其中，工业增加值数据来源于中国统计年鉴，职工工资和就业人员数据来源于中国劳动统计年鉴，并采用 GDP 平减指数剔除物价变动的影响。

3. 数据描述

在对模型进行检验前，需要对当前中国制造业就业、产出、工资变化的实际情况进行描述。通过对这些变量的统计数据分析，可以得出，2002年、2005年、2007年和2010年，除纺织业、石油加工炼焦及核燃料加工、非金属矿物制品业和其他制造业等行业的年末在岗职工数变化率为负增长外，其余12个行业在岗职工人数变化率均为正，说明这些制造行业就业的绝对规模呈不断扩大趋势。但同时，大部分制造业就业人数增长速度趋于缓慢。从产出看，16个行业的平均工业增加值均呈现快速增长，其中尤以电气/机械及器械制造业、非金属矿物制品业等行业增长速度最快。从工资水平看，制造业各行业平均工资在样本考察期以2.23%的年增长率增长，并以通用专用设备制造业、非金属矿物制品业增长最快。

三　模型检验

在上文建立的动态模型中，由于解释变量中包含被解释变量的滞后项，无法满足OLS检验的一般假设。此外，模型还存在较严重的内生性问题，因此，本书采用一阶差分广义矩估计（GMM）方法对所建立的动态劳动需求模型进行检验。

1. 总体就业效应估计

模型（6-1）至模型（6-4）的检验结果见表6-9。结果显示，四个模型的Sargan检验P值均大于0.1，表明模型中工具变量的选择可靠，回归结果能够较好地反映数据的拟合情况。

在表6-9中，模型1和模型2分别采用VSS和FH作为外包变量估计了前期就业、工资、产出和外包率对当期各制造行业就业的影响。结果显示，两种测度方式下滞后一期的就业、工资及产出变量均通过了显著性检验，并且回归系数符号一致，与预期假设相符。此外，模型1中的就业滞后项、工资及产出变量的回归系数均小于模型2。在两个模型中，滞后一期的就业回归系数均为正，证实了中国劳动力就业的相对刚性，滞后一期就业每增长一个百分点，当期就业增长0.46个或0.59个百分点。工资变量与当期就业呈现显著负相关，表明平均工资上涨会压缩就业市场的劳动需求，并且年末平均工资每增长一个百分点，就业岗位将减少0.34个或

0.42 个百分点。产出的系数显著为正，进一步验证了由于产出增长对就业起到了拉动作用，产出每增加 1 个百分点，就业增长 0.14 个或 0.46 个百分点。

表 6 - 9　　　　　　　　　中国外包分行业就业效应模型估计

变量	模型 1	模型 2	模型 3	模型 4
$\text{Ln}L_{t-1}$	0.46 *** (3.26)	0.59 *** (5.46)	0.53 *** (3.84)	0.54 *** (4.63)
$\text{Ln}w$	-0.34 ** (-1.76)	-0.42 ** (-2.00)	-2.87 * (-1.57)	-2.38 * (1.39)
$\text{Ln}Y$	0.14 * (1.35)	0.46 *** (3.27)	0.45 ** (2.25)	0.44 *** (3.17)
$\text{Ln}VSS$	-0.09 (-0.53)		2.30 * (1.34)	
$\text{Ln}VSS \times \text{Ln}W$			-0.80 * (-1.36)	
$\text{Ln}FH$		0.24 ** (1.83)		2.32 * (1.70)
$\text{Ln}FH \times \text{Ln}W$				-0.83 * (-1.59)
Sargan 检验	0.31	0.26	0.45	0.63

注：***、**、*的意义同表 6 -3。

值得注意的是，在模型 1 中，外包变量 VSS 的回归系数为负，同时没有通过显著性检验。模型 2 中 FH 回归系数为正，并在 5% 水平下显著，表明外包率与当期就业呈现正相关关系。回归结果显示，中国外包比率每增加 1 个百分点，劳动需求增加 0.24 个百分点。考虑到承接国际外包对中国就业水平存在两方面影响：一方面是就业创造效应（也叫扩大效应），即承接国际外包意味着就业机会从发包国向中国转移，从而促进中国相关制造行业的就业；另一方面是就业转移效应（也叫替代效应），这是由于中国承接国际外包主要通过以"进料加工""来料加工"为主的加工贸易方式进行的，在承接外包的同时需要大量进口原材料、中间产品或半成品，相关行业进口的增加对这些行业就业产生挤出效应。模型 2 外包变量系数为正这一结果显示出当前中国外包的就业创造效应大于其带来的就业转移效应，其净效应为正。

模型 3 与模型 4 在模型 1、模型 2 的基础上增加了外包率与工资的交叉项，用以说明二者相互作用对劳动需求产生的影响。模型 3、模型 4 中所有变量的回归系数均通过了显著性检验，就业的滞后变量、工资与产出变量回归系数符号与预期一致。与模型 1、模型 2 不同的是，加入外包率与工资变量交叉项后，两个模型中所有变量回归系数的数值十分接近，表明在考虑二者相互作用后，采用 VSS 和 FH 两种不同测度指标对模型估计的影响差异大大减少。与此同时，与模型 1、模型 2 相比，工资变量的回归系数的绝对值大幅增加，平均工资每上升一个百分点，就业需求减少 2.87 个或 2.38 个百分点。模型 3、模型 4 中外包率变量的回归系数为正，其数值同样明显大于模型 2 中外包率变量的系数，其数值显示，外包比率每增加一个百分点，相关行业就业需求即增加约 2.3 个百分点，表明在模型 3、模型 4 下，中国承接外包的就业创造效应十分显著，远远大于其对就业需求的转移效应。两个模型中外包变量与工资变量交叉项回归系数均显著为负，表明外包与工资的共同作用抑制了就业的增长，从而部分抵消了外包对当期就业需求的正向拉动作用。

2. 不同来源国外包的就业效应

根据模型 3 和模型 4，分别对中国承接的美国、日本外包的就业效应进行估计检验，回归结果见表 6 - 10。

表 6 - 10 中所有模型的 Sargan 检验 P 值都大于 0.1，说明模型中工具变量的选择合理，模型构建可靠。检验结果显示，三组模型中，除美国模型 4 和日本模型 4 中的工资变量外，滞后一期就业、

工资、产出变量的回归系数均通过了显著性检验，并且与表6-9中模型1至模型4的检验结果相似，符号与预期假设相符。其中，滞后一期就业变量对当期就业存在显著正相关，工资与就业呈负相关，表明平均工资增长抑制劳动需求的增加，而产出扩大会在一定程度上拉动就业。此外，除美国样本没有通过显著性检验外，其他模型中的外包率与工资交叉变量的回归系数均显著为负，表明尽管来源国不同，但是其外包活动与工资变化的共同作用均对就业增长起到了抑制或削减作用，这个结果也与表6-9中制造业总体外包效应的回归结果相似。总的来讲，外包一方面存在直接的促进就业的正效应；另一方面又通过影响工资对就业间接起到抑制作用。

表6-10　　　　　　　中国外包分来源国就业效应模型估计

变量	美国		日本	
	模型3	模型4	模型3	模型4
$\mathrm{Ln}L_{t-1}$	0.51 ***	0.51 ***	0.66 **	0.57 ***
	(5.60)	(3.70)	(2.43)	(6.87)
$\mathrm{Ln}W$	-1.84 *	-1.34	-6.19	-2.38 ***
	(-1.60)	(-0.98)	(-1.06)	(-3.09)
$\mathrm{Ln}Y$	0.25 ***	0.30 **	1.04	0.40 ***
	(3.20)	(1.98)	(1.06)	(2.96)
$\mathrm{Ln}VSS$	0.74 **		5.46 **	
	(1.76)		(1.96)	
$\mathrm{Ln}VSS \times \mathrm{Ln}W$	-0.29		-1.64 **	
	(-0.67)		(-1.97)	
$\mathrm{Ln}FH$		0.78 **		1.43 **
		(1.86)		(2.39)
$\mathrm{Ln}FH \times \mathrm{Ln}W$		-0.27		-0.49 **
		(-1.08)		(-2.29)
Sargan 检验	0.76	0.13	0.94	0.86

注：***、**、* 的意义同表6-3。

　　通过比较不同来源国外包的就业效应来看，在模型3中，美国、日本外包率变量 VSS 的回归系数均显著为正，数值分别为0.74、5.46，相比之下，中国承接日本的外包对就业影响大于美国。模型4的检验结果与模型3类似，外包率变量 FH 与就业均呈现出显著的正相关关系，回归系数分别为0.78、1.43，二者的数值对比虽然没有模型3中强烈，但同样证明日本外包企业对就业影响大于美国外包企业对就业影响。究其原因可能是由于美国、日本外包的行业结构及技术水平有所不同（见表6-8）——日本外包主要集中在偏低技术行业，而美国外包则主要侧重的是高技术行业。表6-10的检验结果表明，在中国现有技术水平下，与承接高技术和中技术的外包相比，低技术行业对于当前就业的直接拉动效用更为显著，因此，在短期内对保障中国劳动力就业增长起到了更为有效的促进作用。

附 表

附表 1   制造业中间产品按广泛经济类别分类标准

	中间产品	
	加工品	零部件
纺织业	√	√
木材/造纸/印刷	√	√
石油加工及炼焦业	√	
化学制造业	√	
非金属矿物制造业	√	
金属制造业	√	√
通用设备制造业	√	√
交通运输设备制造业		√
电气电子设备制造业	√	√
仪器仪表制造业	√	√

资料来源：Classification by Broad Economic Categories，BEC，United Nations Statistics Division（UNSD）.

单位：亿美元

附表 2

1993—2011 年中国总出口

年份 行业	1993	1994	1995	1996	1997	1998	1999	2000	2001	2002	2003	2004	2005	2006	2007	2008	2009	2010	2011
纺织业	399.2	448.9	482.9	510.8	539.3	514.0	573.0	662.1	672.2	720.3	858.5	1036.7	1286.7	1469.2	1686.1	1876.5	1726.9	2032.4	2318.2
木材/造纸/印刷	194.6	237.2	268.4	293.4	318.5	301.1	325.9	377.1	389.7	414.7	473.1	560.4	680.3	786.7	888.4	960.8	838.5	1044.8	1236.9
石油加工及炼焦业	41.3	42.4	50.0	59.4	65.3	44.9	46.1	76.9	76.6	78.5	104.7	150.0	161.9	160.3	173.2	252.5	138.0	181.5	197.9
化学制造业	82.9	104.9	141.3	150.9	169.9	167.4	203.9	222.3	239.6	268.7	332.2	429.5	551.2	668.1	860.4	1113.4	889.6	1191.6	1554.9
非金属矿物制造业	31.4	38.5	51.1	54.2	63.4	61.5	69.0	84.4	88.8	101.1	122.5	153.6	196.6	242.1	291.4	326.5	254.0	325.3	389.2
金属制造业	59.3	82.0	142.6	127.9	158.1	145.6	171.5	211.1	208.2	238.7	306.8	495.4	654.0	924.4	1288.8	1577.2	879.9	1209.7	1597.8
通用设备制造业	56.9	76.3	122.1	166.2	219.5	260.7	320.8	425.6	475.8	635.5	961.0	1394.3	1748.1	2120.4	2293.2	2623.1	2290.7	3065.6	3671
交通运输设备制造业	15.5	17.1	20.5	22.7	30.1	34.3	40.1	59.7	56.3	68.1	88.1	115.2	164.6	231.8	314.8	404.2	331.8	510.8	601.8
电气电子设备制造业	228.8	307.9	407.7	464.2	530.7	573.3	789.6	914.8	957.8	1178.2	1511.6	2149.1	2754.7	3432.2	3625.4	3985.2	3572.2	4715.2	5412.5
仪器仪表制造业	16.9	23.1	32.9	41.1	51.8	57.4	82.3	83.6	84.6	89.7	111.8	143.6	169.6	206.1	251.8	288.0	247.9	320.6	374.2
总体	1126.8	1378.3	1719.5	1890.8	2146.6	2160.2	2622.2	3117.6	3249.6	3793.5	4870.3	6627.8	8367.7	10241.3	11673.5	13408	11169.5	14597.5	17354.4

附表 3

1993—2011 年中国中间产品出口

单位：亿美元

行业＼年份	1993	1994	1995	1996	1997	1998	1999	2000	2001	2002	2003	2004	2005	2006	2007	2008	2009	2010	2011
纺织业	81.09	96.78	110.8	104.84	111.94	102.92	106.99	134.20	132.42	150.05	186.75	225.03	264.47	299.13	337.20	380.50	317.63	420.52	504.9
木材/造纸印刷	17.01	22.05	30.01	30.98	36.02	35.28	46.85	59.12	63.70	74.39	97.20	134.43	177.47	228.90	281.89	297.02	245.41	320.92	420.1
石油加工及炼焦业	10.5	11.42	15.37	14.82	17.69	15.45	20.43	34.62	33.29	32.75	53.42	86.10	86.00	86.35	114.44	157.06	98.03	140.07	154.9
化学制造业	56.73	72.42	101.6	106.63	121.63	117.24	128.81	151.65	164.41	184.9	233.78	307.85	406.72	502.53	661.18	883.78	687.42	940.95	1254.4
非金属矿物制品业	9.21	12.68	20.11	23.01	28.53	27.66	33.11	42.05	46.69	56.02	69.69	91.64	122.70	160.46	197.45	220.53	175.78	221.49	269.7
金属制造业	38.82	56.28	108.27	92.68	115.19	101.16	115.62	145.00	138.91	157.43	208.13	371.10	509.51	758.93	1093.93	1365.01	708.69	991.99	1344.2
通用设备制造业	24.04	34.99	55.74	71.70	102.42	122.21	142.20	187.00	206.50	264.73	367.32	513.29	647.57	790.62	804.82	898.04	740.59	951.96	1087.7
交通运输设备制造业	4.12	4.98	7.14	8.90	10.79	11.97	16.36	20.62	23.20	29.91	40.62	56.15	76.76	105.63	145.64	179.78	144.74	209.35	277.5
电气电子设备制造业	55.82	77.93	114.21	142.99	177.97	197.06	284.04	340.84	356.66	432.76	570.67	803.84	1034.91	1324.06	1332.92	1544.74	1336.32	1910.46	2138.8
仪器仪表制造业	2.72	3.69	5.00	6.74	8.57	10.11	13.84	16.48	18.71	21.12	28.68	39.22	49.88	62.14	76.23	83.97	78.01	107.29	119.8
总体	300.06	393.22	568.25	603.29	730.75	741.06	908.25	1131.60	1184.50	1404.10	1856.26	2628.65	3375.99	4318.75	5045.70	6010.43	4532.62	6215.00	7572.0

附表 4　1993—2011 年中国加工品出口

单位：亿美元

行业 \ 年份	1993	1994	1995	1996	1997	1998	1999	2000	2001	2002	2003	2004	2005	2006	2007	2008	2009	2010	2011
纺织业	80.98	96.68	110.64	104.64	111.7	102.66	106.65	133.83	132.02	149.43	185.96	223.98	263.07	297.24	334.81	377.73	314.63	416.10	498.93
木材/造纸/印刷	15.19	20.14	26.40	26.94	31.47	30.02	39.26	48.41	52.56	60.84	79.47	107.80	136.68	173.86	206.20	210.93	170.15	216.69	271.14
石油加工及炼焦业	10.50	11.42	15.37	14.82	17.69	15.45	20.43	34.62	33.29	32.75	53.42	86.10	86.00	86.35	114.44	157.06	98.03	140.07	154.95
化学制造业	56.73	72.42	101.60	106.63	121.63	117.24	128.81	151.65	164.41	184.9	233.78	307.85	406.72	502.53	661.18	883.78	687.42	940.95	1254.43
非金属矿物制造业	9.21	12.68	20.11	23.01	28.53	27.66	33.11	42.05	46.69	56.02	69.69	91.64	122.70	160.46	197.45	220.53	175.78	221.49	269.69
金属制造业	37.55	54.74	106.31	90.31	112.38	98.06	111.61	139.83	133.42	150.61	199.44	359.39	494.47	740.49	1070.12	1336.57	687.30	961.59	1305.12
通用设备制造业	0.71	0.90	1.05	1.08	1.19	1.03	1.13	1.32	1.29	1.38	1.66	2.20	2.69	3.27	3.80	5.11	3.51	4.98	6.36
电气电子设备制造业	18.83	23.72	31.80	38.15	46.33	51.96	88.89	83.32	80.33	92.30	110.4	140.18	168.29	201.95	165.63	183.85	145.30	194.00	236.81
仪器仪表制造业	2.21	2.95	3.97	5.58	7.14	8.21	11.29	13.33	14.66	17.64	23.89	31.63	39.66	48.21	58.35	64.95	56.34	74.86	85.65
总体	231.91	295.65	417.25	411.16	478.06	452.29	541.18	648.36	658.67	745.87	957.71	1350.77	1720.28	2214.36	2811.98	3440.51	2338.46	3170.73	4083.08

附表 5　1993—2011 年中国零部件出口

单位：亿美元

行业＼年份	1993	1994	1995	1996	1997	1998	1999	2000	2001	2002	2003	2004	2005	2006	2007	2008	2009	2010	2011
纺织业	0.11	0.10	0.16	0.20	0.25	0.26	0.34	0.37	0.4	0.62	0.80	1.04	1.40	1.89	2.39	2.77	3.00	4.42	5.97
木材/造纸/印刷	1.82	1.91	3.62	4.04	4.54	5.26	7.58	10.71	11.14	13.54	17.73	26.62	40.80	55.04	75.70	86.09	75.26	104.22	148.97
金属制造业	1.27	1.54	1.96	2.37	2.81	3.10	4.01	5.17	5.50	6.82	8.69	11.71	15.04	18.44	23.81	28.44	21.39	30.40	39.06
通用设备制造业	23.33	34.09	54.69	70.62	101.23	121.18	141.06	185.67	205.22	263.35	365.66	511.08	644.88	787.35	801.02	892.93	737.08	946.99	1081.39
交通运输设备制造业	4.12	4.98	7.14	8.90	10.79	11.97	16.36	20.62	23.20	29.91	40.62	56.15	76.76	105.63	145.64	179.78	144.74	209.35	277.45
电气电子设备制造业	36.99	54.21	82.41	104.85	131.64	145.10	195.14	257.51	276.34	340.46	460.27	663.66	866.62	1122.11	1167.29	1360.89	1191.01	1716.45	1901.96
仪器仪表制造业	0.51	0.74	1.03	1.16	1.43	1.91	2.55	3.15	4.05	3.47	4.80	7.59	10.22	13.93	17.89	19.02	21.67	32.43	34.13
总体	68.15	97.57	151.01	192.14	252.69	288.78	367.04	483.2	525.85	658.17	898.57	1277.85	1655.72	2104.39	2233.74	2569.92	2194.15	3044.26	3488.93

附表 6

1993—2011 年中国对美国总出口

单位：亿美元

行业＼年份	1993	1994	1995	1996	1997	1998	1999	2000	2001	2002	2003	2004	2005	2006	2007	2008	2009	2010	2011
纺织业	67.09	65.04	61.46	64.05	77.31	74.44	84.74	84.83	87.16	101.79	128.19	159.63	240.07	280.89	330.14	333.07	323.48	391.15	410.92
木材/造纸印刷	62.12	75.03	82.61	89.93	104.38	114.51	129.58	145.69	153.49	165.72	180.79	206.72	239.79	270.95	283.57	288.96	253.26	300.45	321.92
石油加工及炼焦业	2.55	4.08	4.94	5.66	6.31	4.43	2.81	8.06	4.31	4.57	4.99	11.19	10.83	12.64	7.25	21.87	3.19	5.10	3.63
化学制造业	16.91	21.21	25.53	28.3	31.99	34.77	59.13	47.62	51.78	60.44	73.02	90.17	115.93	133.28	151.32	190.77	157.97	195.43	235.3
非金属矿物制造业	5.83	7.91	11.03	12.32	16.14	18.25	21.82	26.29	27.38	29.91	33.11	38.07	46.21	57.12	57.08	54.22	40.36	51.93	59.47
金属制造业	10.42	13.52	18.29	20.37	25.29	31.92	50.92	51.07	53.53	65.00	78.35	115.2	147.7	200.17	223.41	257.49	161.83	184.62	208.27
通用设备制造业	12.98	20.07	31.57	41.62	57.34	73.5	110.5	132.15	133.09	189.05	284.09	418.6	499.99	592.91	593.45	610.46	573.27	761.35	877.89
交通运输设备制造业	3.37	3.88	4.84	4.93	6.71	8.94	12.96	20.7	16.88	20.91	28.00	38.59	48.98	59.97	70.31	73.46	56.99	79.79	96.48
电气电子设备制造业	54.79	80.28	100.34	111.97	132.4	159.67	301.02	246.21	246.53	311.26	366.23	499.45	646.15	775.93	770.39	786.08	729.94	894.59	982.80
仪器仪表制造业	4.35	6.18	9.37	11.19	13.86	15.92	33.93	23.12	22.35	22.84	26.47	29.7	31.54	35.07	40.08	42.83	38.41	47.95	52.62
总体	334.31	410.36	481.26	539.71	652.92	743.51	1185.1	1064.7	1081.5	1320.7	1614.29	2081.52	2569.34	3022.87	3116.91	3263.34	2839.21	3497.53	3835.18

附表7　1993—2011年中国对美国中间产品出口

单位：亿美元

行业＼年份	1993	1994	1995	1996	1997	1998	1999	2000	2001	2002	2003	2004	2005	2006	2007	2008	2009	2010	2011
纺织业	3.86	3.38	3.32	3.39	5.22	4.61	5.11	5.59	4.79	6.83	8.54	11.05	17.01	19.52	21.43	24.37	18.65	25.51	30.88
木材/造纸/印刷	2.34	3.31	4.44	5.01	6.21	8.27	13.06	13.15	13.56	18.28	24.79	37.23	51.22	66.35	74.58	75.16	62.42	69.93	77.13
石油加工及炼焦业	0.13	0.58	1.49	1.28	1.55	2.11	2.00	3.72	2.93	2.61	3.70	9.01	6.06	7.55	5.66	16.52	2.01	3.64	2.93
化学制造业	7.90	9.85	12.02	13.44	16.8	18.61	23.88	24.67	27.51	32.27	41.27	52.32	69.64	81.55	94.06	130.32	102.49	128.76	161.67
非金属矿物制造业	1.36	2.06	2.83	3.71	5.24	7.36	10.4	12.34	13.53	14.88	16.18	19.92	26.60	36.09	35.59	32.89	25.35	32.14	38.73
金属制造业	5.57	7.83	11.22	12.46	14.85	19.44	31.02	29.04	28.7	33.95	40.54	70.27	97.66	142.18	158.08	192.88	107.31	119.28	139.06
通用设备制造业	5.29	8.92	14.17	19.00	24.93	31.15	41.44	48.95	52.75	68.64	86.03	124.04	144.28	180.87	173.62	177.89	145.10	192.08	207.88
交通运输设备制造业	1.09	1.56	2.09	2.64	3.42	4.17	6.22	6.44	7.80	10.09	13.54	19.91	27.16	36.73	46.67	48.62	40.29	58.16	72.53
电气电子设备制造业	10.36	16.5	22.32	27.43	35.68	44.60	93.04	73.50	67.60	77.43	89.44	121.93	147.68	176.21	160.22	159.29	130.19	187.49	225.05
仪器仪表制造业	0.41	0.54	0.90	1.36	1.40	1.51	3.73	2.83	3.25	3.29	3.72	4.71	5.73	7.52	8.91	10.34	9.69	12.36	13.84
总体	45.7	63.37	84.79	100.12	128.03	154.86	254.48	237.54	240.38	289.54	353.65	500.63	628.37	793.49	819.1	908.79	678.1	870.95	1013.55

附表 8 1993—2011 年中国对美国加工品出口

单位：亿美元

行业＼年份	1993	1994	1995	1996	1997	1998	1999	2000	2001	2002	2003	2004	2005	2006	2007	2008	2009	2010	2011
纺织业	3.85	3.36	3.30	3.35	5.19	4.57	5.05	5.56	4.72	6.70	8.34	10.80	16.74	19.12	21.02	23.95	18.18	24.88	30.20
木材/造纸/印刷	2.06	2.78	3.52	3.94	4.75	6.09	10.04	9.52	10.03	13.18	18.04	27.07	35.02	44.84	47.11	46.10	37.86	43.66	45.65
石油加工及炼焦业	0.13	0.58	1.49	1.28	1.55	2.11	2.00	3.72	2.93	2.61	3.70	9.01	6.06	7.55	5.66	16.52	2.01	3.64	2.93
化学制造业	7.90	9.85	12.02	13.44	16.8	18.61	23.88	24.67	27.51	32.27	41.27	52.32	69.64	81.55	94.06	130.32	102.49	128.76	161.67
非金属矿物制造业	1.36	2.06	2.83	3.71	5.24	7.36	10.40	12.34	13.53	14.88	16.18	19.92	26.6	36.09	35.59	32.89	25.35	32.14	38.73
金属制造业	5.31	7.53	10.83	12.08	14.36	18.82	30.06	27.96	27.33	31.98	38.05	67.15	93.59	137.40	152.19	186.13	102.15	112.03	129.99
通用设备制造业	0.17	0.20	0.21	0.22	0.26	0.22	0.22	0.22	0.20	0.24	0.26	0.38	0.47	0.58	0.61	0.82	0.52	0.79	1.05
电气电子设备制造业	4.87	6.93	9.21	11.38	13.8	16.83	46.29	29.48	27.14	32.62	36.95	45.33	51.94	60.23	45.12	44.34	35.46	46.56	50.78
仪器仪表制造业	0.34	0.43	0.78	1.25	1.25	1.34	3.25	2.39	2.82	2.80	3.04	3.74	4.39	5.63	6.61	7.45	6.96	8.81	9.97
总体	33.38	42.55	54.19	61.02	75.91	88.96	155.45	132.65	133.64	157.88	190.27	264.14	337.71	429.31	446.04	528.3	365.09	442.22	514.10

附表9

1993—2011年中国对美国零部件出口

单位：亿美元

行业\年份	1993	1994	1995	1996	1997	1998	1999	2000	2001	2002	2003	2004	2005	2006	2007	2008	2009	2010	2011
纺织业	0.01	0.02	0.02	0.04	0.03	0.04	0.07	0.04	0.07	0.13	0.19	0.24	0.27	0.39	0.41	0.42	0.48	0.63	0.68
木材/造纸/印刷	0.28	0.52	0.92	1.07	1.45	2.18	3.02	3.63	3.53	5.10	6.75	10.15	16.2	21.51	27.47	29.05	24.55	26.26	31.48
金属制造业	0.25	0.30	0.39	0.38	0.49	0.62	0.96	1.07	1.37	1.97	2.49	3.12	4.07	4.79	5.89	6.75	5.16	7.24	9.07
通用设备制造业	5.12	8.71	13.96	18.79	24.67	30.92	41.22	48.73	52.55	68.40	85.77	123.66	143.81	180.29	173.01	177.07	144.58	191.29	206.82
交通运输设备制造业	1.09	1.56	2.09	2.64	3.42	4.17	6.22	6.44	7.80	10.09	13.54	19.91	27.16	36.73	46.67	48.62	40.29	58.16	72.53
电气电子设备制造业	5.49	9.57	13.10	16.05	21.88	27.77	46.74	44.02	40.46	44.81	52.49	76.60	95.74	115.98	115.10	114.95	94.73	140.93	174.28
仪器仪表制造业	0.07	0.11	0.11	0.12	0.15	0.17	0.49	0.44	0.42	0.48	0.68	0.98	1.34	1.90	2.30	2.89	2.73	3.55	3.86
总体	12.32	20.81	30.61	39.10	52.12	65.90	99.04	104.88	106.75	131.67	163.38	236.49	290.66	364.17	373.06	380.49	313	428.74	499.45

附 表 / 181

单位：亿美元

附表10　1993—2011年中国对日本总出口

行业\年份	1993	1994	1995	1996	1997	1998	1999	2000	2001	2002	2003	2004	2005	2006	2007	2008	2009	2010	2011
纺织业	74.11	99.66	123.74	135.44	123.73	109.78	130.03	164.22	164.35	154.65	175.29	197.40	205.79	221.86	224.97	243.26	245.55	253.96	306.08
木材/造纸/印刷	18.47	23.60	30.88	35.19	35.78	29.50	35.11	42.65	44.25	44.41	49.97	57.81	63.75	69.37	71.98	79.04	76.89	84.45	100.10
石油加工及炼焦业	21.61	19.78	21.42	24.58	25.10	15.24	13.76	21.82	20.33	20.22	25.45	32.85	33.60	30.13	28.03	43.62	13.70	18.19	19.07
化学制造业	8.08	10.96	16.28	17.67	18.73	17.51	19.19	24.08	25.81	28.01	35.24	46.30	60.89	73.73	89.9	111.27	81.72	116.13	166.71
非金属矿物制造业	5.81	7.54	10.67	11.12	12.08	10.53	11.40	13.88	14.22	14.87	16.45	18.87	21.64	23.81	25.15	30.56	22.80	28.20	33.58
金属制造业	6.49	10.74	22.37	15.29	19.91	15.45	16.26	22.81	20.85	22.56	32.53	51.68	64.45	73.51	80.87	97.57	57.51	82.77	111.24
通用设备制造业	2.76	4.17	9.41	17.15	21.83	20.50	23.50	37.54	44.75	71.78	109.54	146.47	179.62	193.54	182.77	207.70	168.59	223.58	261.30
交通运输设备制造业	0.58	1.08	2.34	2.91	3.26	2.89	3.96	5.75	6.74	8.39	10.23	12.78	15.67	19.50	22.92	28.46	22.71	28.21	34.76
电气电子设备制造业	13.03	20.39	36.85	47.74	54.93	55.96	67.25	90.48	104.03	114.98	143.06	189.08	223.02	245.6	232.85	265.82	245.79	363.05	423.63
仪器仪表制造业	0.76	1.39	2.13	3.85	5.68	6.01	7.28	9.79	9.72	12.48	18.93	24.66	26.21	26.86	26.75	30.42	23.31	28.12	35.72
总体	203.73	273.85	358.88	402.46	416.56	368.99	425.60	546.57	573.87	613.48	748.89	935.89	1076.81	1175.85	1187.07	1329.47	1142.98	1426.18	1724.97

附表11　1993—2011年中国对日本中间产品出口

单位：亿美元

行业＼年份	1993	1994	1995	1996	1997	1998	1999	2000	2001	2002	2003	2004	2005	2006	2007	2008	2009	2010	2011
纺织业	7.01	8.70	9.15	10.04	10.28	7.66	8.18	8.58	8.54	8.43	9.89	11.39	11.85	13.29	13.67	15.07	11.87	15.30	20.63
木材/造纸/印刷	2.33	3.29	4.57	5.51	6.34	4.93	6.22	8.23	8.73	9.54	12.57	15.51	17.55	20.01	20.56	21.84	21.66	24.46	31.93
石油加工及炼焦业	1.82	1.70	1.54	2.19	3.12	2.06	2.39	4.93	3.77	3.75	5.79	14.00	12.70	10.44	14.84	18.27	4.73	8.55	8.63
化学制造业	7.21	9.62	13.75	15.04	15.63	14.37	15.12	18.82	19.67	20.63	25.84	34.89	47.47	58.67	73.36	92.06	63.19	94.62	140.89
非金属矿物制造业	7.21	9.62	13.75	15.04	15.63	14.37	15.12	18.82	19.67	20.63	25.84	34.89	47.47	58.67	73.36	92.06	63.19	94.62	140.89
金属制造业	5.84	9.49	20.43	13.32	17.27	13.15	13.42	19.12	16.83	18.18	26.92	44.43	55.95	64.13	71.55	87.96	49.09	73.07	99.86
通用设备制造业	1.87	2.37	4.70	8.93	12.75	12.32	13.31	20.74	19.34	24.23	32.57	48.58	61.05	70.85	68.53	75.06	53.97	73.97	79.65
交通运输设备制造业	0.29	0.46	0.85	1.34	1.61	1.45	1.76	2.26	2.56	3.04	4.02	5.67	7.87	11.12	13.57	17.30	12.42	17.94	21.63
电气电子设备制造业	5.10	8.53	15.07	20.30	24.70	24.91	30.93	41.18	48.60	54.80	67.69	91.02	110.79	125.23	110.04	125.65	99.84	136.97	145.87
仪器仪表制造业	0.21	0.40	0.57	0.92	1.40	1.75	2.25	2.99	3.36	4.76	8.02	10.82	10.19	11.44	12.41	15.23	9.98	12.17	13.97
总体	36.36	51.07	79.96	87.54	103.89	92.09	104.14	139.46	145.40	163.35	211.16	298.22	360.26	412.74	430.03	504.43	357.33	493.69	602.41

单位：亿美元

附表 12

1993—2011 年中国对日本加工品出口

行业 \ 年份	1993	1994	1995	1996	1997	1998	1999	2000	2001	2002	2003	2004	2005	2006	2007	2008	2009	2010	2011
纺织业	7.00	8.69	9.12	10.01	10.23	7.60	8.10	8.52	8.46	8.35	9.77	11.21	11.65	13.03	13.34	14.7	11.55	14.85	20.12
木材/造纸/印刷	2.31	3.23	4.48	5.42	6.23	4.85	6.15	8.14	8.62	9.38	12.35	15.14	16.65	18.64	19.12	20.48	20.52	23.08	29.70
石油加工及炼焦业	1.82	1.70	1.54	2.19	3.12	2.06	2.39	4.93	3.77	3.75	5.79	14.00	12.70	10.44	14.84	18.27	4.73	8.55	8.63
化学制造业	7.21	9.62	13.75	15.04	15.63	14.37	15.12	18.82	19.67	20.63	25.84	34.89	47.47	58.67	73.36	92.06	63.19	94.62	140.89
非金属矿物制造业	2.66	3.89	5.93	6.77	7.39	6.54	7.40	8.86	9.49	10.25	11.13	12.56	14.53	16.43	17.70	20.10	16.39	18.81	22.44
金属制造业	5.74	9.36	20.26	13.07	16.95	12.83	13.07	18.57	16.26	17.49	26.06	43.09	54.09	62.1	69.33	85.42	47.45	70.83	97.26
通用设备制造业	0.02	0.05	0.05	0.05	0.04	0.05	0.08	0.08	0.10	0.11	0.15	0.18	0.22	0.24	0.28	0.32	0.24	0.28	0.37
电气电子设备制造业	0.93	1.37	2.87	3.85	4.76	4.59	5.92	7.49	7.13	8.06	10.59	13.44	15.67	18.4	7.44	8.13	6.96	8.64	12.77
仪器仪表制造业	0.20	0.33	0.45	0.68	1.10	1.24	1.69	2.49	2.88	4.13	6.88	8.98	8.70	9.73	10.20	12.56	7.93	9.42	11.13
总体	29.90	40.87	61.85	60.26	68.84	57.09	63.08	81.64	80.88	87.87	115.26	162.81	191.89	218.69	239.20	287.47	192.85	266.38	359.76

附表 13　　1993—2011 年中国对日本零部件出口　　　　单位：亿美元

行业\年份	1993	1994	1995	1996	1997	1998	1999	2000	2001	2002	2003	2004	2005	2006	2007	2008	2009	2010	2011
纺织业	0.00	0.01	0.03	0.04	0.05	0.06	0.07	0.06	0.08	0.09	0.12	0.18	0.20	0.27	0.33	0.38	0.32	0.45	0.51
木材造纸印刷	0.02	0.05	0.09	0.09	0.11	0.08	0.08	0.09	0.11	0.16	0.21	0.37	0.90	1.37	1.44	1.36	1.14	1.37	2.23
金属制造业	0.10	0.12	0.17	0.25	0.32	0.31	0.34	0.55	0.57	0.7	0.86	1.34	1.86	2.03	2.22	2.54	1.64	2.23	2.60
通用设备制造业	1.85	2.32	4.65	8.87	12.71	12.27	13.23	20.66	19.24	24.12	32.42	48.40	60.84	70.61	68.25	74.74	53.73	73.68	79.27
交通运输设备制造业	0.29	0.46	0.85	1.34	1.61	1.45	1.76	2.26	2.56	3.04	4.02	5.67	7.87	11.12	13.57	17.3	12.42	17.94	21.63
电气电子设备制造业	4.17	7.16	12.20	16.45	19.94	20.32	25.01	33.68	41.47	46.73	57.09	77.58	95.12	106.84	102.60	117.52	92.88	128.33	133.10
仪器仪表制造业	0.02	0.07	0.12	0.24	0.31	0.51	0.56	0.49	0.48	0.63	1.15	1.84	1.48	1.71	2.21	2.67	2.05	2.75	2.84
总体	6.45	10.20	18.11	27.28	35.05	35.01	41.06	57.81	64.53	75.48	95.90	135.42	168.36	194.05	190.83	216.96	164.48	227.31	242.66

附表 14　　　　海关统计商品目录的行业类别及主要产品

	主要产品
第四类	食品；饮料、酒及醋；烟草、烟草及烟草代用品的制品
第六类	化学工业及其相关工业的产品
第七类	塑料及其制品；橡胶及其制品
第九类	木及木制品；木炭；软木及软木制品；稻草、秸秆、针茅或其他编织材料制品；篮筐及柳条编织品
第十类	木浆及其他纤维状纤维素浆；回收（废碎）纸或纸板；纸、纸板及其制品
第十一类	纺织原料及纺织制品
第十二类	鞋、帽、伞、杖、鞭及其零件；已加工的羽毛及其制品；人造花；人发制品
第十三类	石料、石膏、水泥、石棉、云母及类似材料的制品；陶瓷产品；玻璃及其制品
第十四类	天然或养殖珍珠、宝石或半宝石、贵金属、包贵金属及其制品；仿首饰；硬币
第十五类	贱金属及其制品
第十六类	机器、机械器具、电气设备及其零件；录音机及放声机、电视图像、声音的录制和重放设备及其零件、附件
第十七类	车辆、航空器、船舶及有关运输设备
第十八类	光学、照相、电影、计量、检验、医疗或外科用仪器及设备、精密仪器及设备；钟表；乐器；上述物品的零件、附件
第十九类	武器、弹药及其零件、附件
第二十类	杂项制品

附表 15　　1998—2011 年中国制造业各行业劳动生产率

单位：元/人·年

行业\年份	1998	1999	2000	2001	2002	2003	2004	2005	2006	2007	2008	2009	2010	2011
纺织业	111355	128324	157471	186763	227528	154764	199467	214425	248859	299130	328085	372283	440399	554540
纺织服装、鞋帽制造业	158903	167098	190930	214567	224224	118470	124781	143751	163133	183500	205707	232463	275867	354021
皮革毛皮羽绒及制品业	192247	210163	231926	285933	316046	137513	152082	151319	168955	200541	214835	249469	285758	343697
木材加工及制品业	126187	160166	211861	264721	318485	155537	198099	219334	265120	331563	365849	440774	519585	699588
家具制造业	155111	176878	231363	289900	308359	165930	218752	200261	224712	265601	294301	348125	395132	478279
造纸及纸制品业	148092	177031	240964	295784	358886	221681	285685	319758	373594	457372	518291	541428	660760	823137
印刷业和记录媒介复制	78868	90431	106329	142359	171992	172904	193971	215689	247438	292563	327320	361975	418870	543955
文教体育用品制造业	184157	191634	220693	261815	269683	110845	129752	135018	153787	175896	188245	214953	244745	291187
化学原料及制品制造业	159620	180388	214623	248885	290054	250432	273501	344333	385243	463223	522387	588441	678022	836618
化学纤维制造业	206630	286847	376688	340830	431469	423261	505040	611867	738624	909669	881083	923600	1127701	1442332

续表

行业 \ 年份	1998	1999	2000	2001	2002	2003	2004	2005	2006	2007	2008	2009	2010	2011
橡胶制品业	147227	162563	189000	223455	287730	210942	280877	275834	332585	395659	434640	486665	573853	783776
塑料制品业	205182	242300	311426	381536	421681	217432	275322	276511	316817	362437	387486	422209	489665	612909
非金属矿物制品业	112834	129074	153869	183837	220147	142680	183204	219887	274901	346991	419936	488179	588628	777136
金属制品业	180729	208971	264558	320480	378664	225263	269217	293722	343570	418571	459382	503678	584222	749601
通用设备制造业	93811	108189	137250	172676	227164	201461	276427	298783	362644	437725	500549	562393	651354	828936
专用设备制造业	97476	110654	134517	162224	207272	186628	242259	276749	338944	412927	470813	542763	645139	808544
交通运输设备制造业	150968	173209	219870	279093	369879	359690	421263	445938	544154	664417	705822	837403	966545	1091518
电气机械及器材制造业	213446	254528	333426	400078	438714	298589	376238	378565	449664	534767	576533	630990	717266	857664
电子及通信设备制造业	365191	438418	547071	628689	728299	579235	667676	614011	654911	667162	648194	671488	711364	778489
仪器仪表文化办公机械	130708	147027	188676	213107	247641	227449	279989	313605	358226	402729	427927	451408	512500	613142

附表16　1998—2011年中国制造业各行业全员生产率

单位：元/人·年

行业 \ 年份	1998	1999	2000	2001	2002	2003	2004	2005	2006	2007	2008	2009	2010	2011
纺织业	17600	21867	26359	29058	32478	38198	49569	54829	64394	78465	83273	95479	101570	120927
纺织服装、鞋帽制造业	22763	24964	27455	29026	28075	31693	36477	41029	48566	54688	55554	62329	72049	97357
皮革毛皮羽绒及制品业	24602	25822	28704	30838	32413	35759	42214	41268	47749	57607	60884	70610	76665	92256
木材加工及制品业	22399	27692	31481	37612	41369	41629	53304	61306	74828	97032	95339	112755	126742	169577
家具制造业	30587	30613	35080	39420	41019	42166	55770	54002	59796	70839	70307	81034	85564	103488
造纸及纸制品业	24657	29818	36384	41724	49646	59800	74639	88090	102875	126034	128962	142087	159595	196462
印刷业和记录媒介复制	27105	32769	36078	44631	50402	56297	63967	69217	80870	95598	94812	103030	114303	156017
文教体育用品制造业	22973	21881	23796	26882	27067	28681	33566	34582	40649	46478	49390	57589	62430	81342
化学原料及制品制造业	28267	32801	40848	50264	60060	79173	113488	129178	150897	193027	187936	210069	225410	269504
化学纤维制造业	38359	54621	68884	55159	65974	86280	93538	113842	139210	178682	183586	219931	230550	242968

续表

行业＼年份	1998	1999	2000	2001	2002	2003	2004	2005	2006	2007	2008	2009	2010	2011
橡胶制品业	26316	28431	32894	40304	47125	59439	74553	74756	87042	109587	109611	121695	135058	165874
塑料制品业	32111	34903	41675	46526	49926	54162	66861	69405	82860	95387	95218	105123	114146	145156
非金属矿物制品业	19967	23147	27436	30867	35163	44144	56387	67146	85748	108142	113663	127763	143624	179122
金属制品业	28685	32566	37518	43189	48341	56704	69533	75858	89662	110078	105816	119262	131491	171371
通用设备制造业	20495	24594	29498	35723	43606	56100	73897	83548	100313	121403	121058	136222	149536	191480
专用设备制造业	19255	23606	28095	34313	43891	49106	64308	76473	97863	119581	119838	135062	150711	186587
交通运输设备制造业	32006	37599	43233	55152	73375	92920	102716	108698	131705	170696	169814	190897	202954	225049
电气机械及器材制造业	36789	43864	53741	61114	66312	76323	93859	97332	114312	134783	135461	149672	157287	181502
电子及通信设备制造业	60437	72391	92932	99271	109887	127350	134615	130154	140264	134790	131041	140828	141383	154519
仪器仪表文化办公机械	26179	31201	38116	29528	46939	61844	75209	82678	97970	108745	112550	118746	128087	149408

附表 17　　　　　**2011 年中国加工贸易出口企业 100 强**

排序	企业（集团）名称
1	达功（上海）电脑有限公司
2	富泰华工业（深圳）有限公司
3	昌硕科技（上海）有限公司
4	鸿富锦精密工业（深圳）有限公司
5	东莞市对外加工装配服务公司
6	仁宝信息技术（昆山）有限公司
7	鸿富锦精密电子（烟台）有限公司
8	名硕电脑（苏州）有限公司
9	诺基亚通信有限公司
10	达丰（上海）电脑有限公司
11	纬新资通（昆山）有限公司
12	鸿富锦精密电子（郑州）有限公司
13	深圳市宝安外经发展有限公司
14	苏州三星电子电脑有限公司
15	英源达科技有限公司
16	惠州三星电子有限公司
17	伟创力制造（珠海）有限公司
18	天津三星通信技术有限公司
19	鸿富泰精密电子（烟台）有限公司
20	长城国际系统科技（深圳）有限公司
21	英顺达科技有限公司
22	群康科技（深圳）有限公司
23	中国国际石油化工联合有限责任公司
24	仁宝电子科技（昆山）有限公司
25	仁宝资讯工业（昆山）有限公司
26	鸿富锦精密工业（武汉）有限公司
27	摩托罗拉移动技术（中国）有限公司
28	富华杰工业（深圳）有限公司
29	北京索爱普天移动通信有限公司
30	达富电脑（常熟）有限公司

排序	企业（集团）名称
31	大连船舶重工集团有限公司
32	威宏电子（上海）有限公司
33	深圳龙岗区对外经济发展有限公司
34	纬创资通（中山）有限公司
35	无锡尚德太阳能电力有限公司
36	联想信息产品（深圳）有限公司
37	东莞三星视界有限公司
38	福建捷联电子有限公司
39	希捷科技（苏州）有限公司
40	晟碟半导体（上海）有限公司
41	鹏智科技（深圳）有限公司
42	纬创资通（昆山）有限公司
43	海太半导体（无锡）有限公司
44	乐金显示（广州）有限公司
45	友达光电（苏州）有限公司
46	达丰（重庆）电脑有限公司
47	常州天合光能有限公司
48	广东省东莞机械进出口有限公司
49	友达光电（厦门）有限公司
50	捷普电子（广州）有限公司
51	江苏新时代造船有限公司
52	星科金朋（上海）有限公司
53	伟创力电脑（苏州）有限公司
54	上海外高桥造船有限公司
55	高先电子（深圳）有限公司
56	中国长江航运集团对外经济技术合作总公司
57	富士施乐高科技（深圳）有限公司
58	上海振华重工（集团）股份有限公司
59	日月光封装测试（上海）有限公司
60	大连西太平洋石油化工有限公司

排序	企业（集团）名称
61	苏州佳世达电通有限公司
62	广州盛科电子有限公司
63	珠海三美电机有限公司
64	深圳开发微电子有限公司
65	鸿富锦精密电子（成都）有限公司
66	乐金显示（南京）有限公司
67	恩斯迈电子（深圳）有限公司
68	苏州乐轩科技有限公司
69	烟台中集来福士海洋工程有限公司
70	佳能珠海有限公司
71	佳能（苏州）有限公司
72	大连中石油国际事业有限公司
73	无锡夏普电子元器件有限公司
74	常熟阿特斯阳光电力科技有限公司
75	国基电子（上海）有限公司
76	东芝信息机器（杭州）有限公司
77	江苏天元船舶进出口有限公司
78	宸鸿科技（厦门）有限公司
79	仁宝光电科技（昆山）有限公司
80	爱普生技术（深圳）有限公司
81	三星电子（山东）数码打印机有限公司
82	金宝电子（中国）有限公司
83	联众（广州）不锈钢有限公司
84	捷普科技（上海）有限公司
85	深圳赛意法微电子有限公司
86	纬智资通（昆山）有限公司
87	南京夏普电子有限公司
88	江苏林洋新能源有限公司
89	沪东中华造船（集团）有限公司
90	东莞航天电子有限公司

排序	企业（集团）名称
91	天津三星电子有限公司
92	飞思卡尔半导体（中国）有限公司
93	希捷国际科技（无锡）有限公司
94	南海奇美电子有限公司
95	英华达（上海）科技有限公司
96	日立环球存储产品（深圳）有限公司
97	英业达科技有限公司
98	杭州中策橡胶有限公司
99	宁波奇美电子有限公司
100	东莞创机电业制品有限公司

资料来源：中国行业信息网。

附表 18　　　2002—2011 年中国制造业市场就业量　　　单位：万人

行业 ＼ 年份	2002	2003	2004	2005	2006	2007	2008	2009	2010	2011
纺织业	417.8	410.9	432.6	457.9	483.4	469.4	459.1	439.9	435.8	455.6
木材/造纸/印刷	339.2	350.8	366.8	401.9	427.4	445.8	425.4	432.1	439.1	484.0
石油加工及炼焦业	56.6	52.6	50.8	55.2	55.5	62.5	60.4	55.4	56.4	62.8
化学制造业	332.2	327.0	322.1	326.8	327.0	330.7	332.6	336.6	346.3	389.0
非金属矿物制造业	211.6	209.3	209.5	214.1	211.2	205.1	193.6	189.3	192.7	218.4
金属制造业	355.4	350.1	348.9	361.6	369.0	390.1	388.1	398.8	410.0	459.8
通用设备制造业	332.2	354.7	352.8	356.2	368.3	382.4	382.0	378.4	398.8	433.3
电气电子设备制造业	231.9	231.7	231.4	242.9	257.1	263.2	274.5	296.2	326.7	389.1
仪器仪表制造业	306.5	324.0	362.4	404.5	445.0	494.7	502.5	538.2	589.9	697.1
精密仪器	46.5	55.4	58.1	58.5	64.2	68.1	65.4	66.7	71.1	75.4

参考文献

［1］安筱鹏：《服务型制造业崛起的必由之路》，《中国电子报》2009 年 8 月 4 日。

［2］包玉泽、谭力文、刘林青：《全球价值链背景下的企业升级研究——基于企业技术能力视角》，《外国经济与管理》2009 年第 4 期。

［3］蔡继荣、靳景玉：《制造业务外包的效率边界研究》，《学术论坛》2012 年第 9 期。

［4］陈佳贵：《关于企业生命周期与企业蜕变的探讨》，《中国工业经济》1995 年第 11 期。

［5］陈丽丽：《中国出口产品的国际竞争力和竞争路径：演进和国际比较》，《国际贸易问题》2013 年第 7 期。

［6］王岚、盛斌：《中国对美制成品出口竞争优势：本土市场效应与比较优势——基于倍差引力模型的经验分析》，《世界经济文汇》2013 年第 2 期。

［7］陈庆江、杨蕙馨：《经济全球化条件下离岸制造外包发展趋势和产业间差异》，《南方经济》2011 年第 4 期。

［8］陈怡、沈利生：《中国服务贸易出口贡献率分析——基于 1997 年投入产出表的计算》，《数量经济技术经济研究》2006 年第 11 期。

［9］陈仲常、马红旗：《中国制造业不同外包形式的就业效应研究——基于动态劳动需求模型的实证检验》，《中国工业经济》2010 年第 4 期。

［10］程新章、胡峰：《价值链治理模式与企业升级的路径选择》，《商业经济与管理》2005 年第 12 期。

［11］戴觅、余淼杰、Madhura Maitra：《中国出口企业生产率之谜：加工贸易的作用》，《经济学》（季刊）2014 年第 2 期。

［12］戴勇：《外生型集群企业升级的影响因素与策略研究——全球价值链的视角》，《中山大学学报》（社会科学版）2009 年第 1 期。

［13］方润生：《资源和能力的整合：一种新的企业竞争优势形成观》，《研究与发展管理》2005 年第 6 期。

［14］《富士康转型狂想曲：代工之王谋求渠道王》，《南都周刊》2010 年 1 月。

［15］高春亮、李善同、周晓艳：《专业化代工、网络结构与中国制造业升级》，《南京大学学报》（哲学人文社会科学版）2008 年第 2 期。

［16］高松、庄晖、叶青：《上海市科技型中小企业不同生命周期阶段的政府资助效用研究》，《科技进步与对策》2012 年第 16 期。

［17］《鸿海代工利润遇瓶颈由涉足软件扩大版图》，《第一财经日报》2012 年 12 月。

［18］黄烨菁、张纪：《跨国外包对接包方技术创新能力的影响研究》，《国际贸易问题》2011 年第 12 期。

［19］黄永明、何伟、聂鸣：《全球价值链视角下中国纺织服装企业的升级路径选择》，《中国工业经济》2006 年第 5 期。

［20］胡峰、张月月：《中国如何应对发达国家制造外包的本土化回流》，《社会科学战线》2014 年第 1 期。

［21］胡昭玲：《产品内国际分工对中国工业生产率的影响分析》，《中国工业经济》2007 年第 6 期。

［22］胡昭玲、杜威剑：《外包、劳动力需求与企业内工资差距——基于企业微观数据的实证研究》，《中南财经政法大学学报》

2015 年第 4 期。

[23] 胡昭玲、李红阳：《参与全球价值链对中国工资差距的影响——基于分工位置角度的分析》，《财经论丛》2016 年第 1 期。

[24] 李刚、张沈伟、刘巳洋：《富士康快速成长的启示》，《中国机电工业》2008 年第 9 期。

[25] 江心英、李献宾、顾大福：《全球价值链类型与 OEM 企业成长路径》，《中国软科学》2009 年第 11 期。

[26] 鞠建东、林毅夫、王勇：《要素禀赋、专业化分工、贸易的理论与实证——与杨小凯、张永生商榷》，《经济学》（季刊）2004 年第 1 期。

[27] 鞠建东、余心玎：《全球价值链上的中国角色——基于中国行业上游度和海关数据的研究》，《南开经济研究》2014 年第 3 期。

[28] 江心英、李献宾、顾大福、宋平生：《全球价值链类型与 OEM 企业成长路径》，《中国软科学》2009 年第 11 期。

[29] 李春顶：《出口贸易、FDI 与中国企业的国际化路径选择——新贸易理论模型扩展及中国分行业企业数据的实证研究》，《南开经济研究》2009 年第 2 期。

[30] 李刚、张沈伟、刘巳洋：《富士康的成长与管理模式》，*Samsung Economic Research Institute China*，2008 年第 17 期。

[31] 李刚、张沈伟、刘巳洋：《富士康快速成长的启示》，《中国机电工业》2008 年第 9 期。

[32] 李强：《企业嵌入全球价值链的就业效应研究：中国的经验分析》，《中南财经政法大学学报》2014 年第 1 期。

[33] 李晓非、金春华：《基于企业生命周期的高技术企业风险特征分析》，《中国管理信息化》2012 年第 4 期。

[34] 李小彤：《中国大学生与农民工就业质量分析——以国际分工地位的影响为视角》，《北京行政学院学报》2012 年第 3 期。

[35] 李占国、符磊、江心英：《"承接国际外包与国内就业——基于中国28个行业面板数据的实证研究》，《山西财经大学学报》2014年第2期。

[36] 林文凤：《产品内国际分工对中国异质劳动力就业的影响》，《国际贸易问题》2013年第6期。

[37] 梁昌勇、叶春森、汪传雷：《制造外包企业与服务外包企业成长机理比较研究》，《中国科技论坛》2011年第10期。

[38] 刘苹、陈维政：《企业生命周期与治理机制的不同模式选择》，《财经科学》2003年第5期。

[39] 刘玉、孙文远、任志城：《产品内国际分工对中国劳动力就业的影响》，《生产力研究》2010年第5期。

[40] 卢锋：《产品内分工》，《经济学》（季刊）2004年第1期。

[41] 路风：《理解"自主创新"》，《中国科技产业》2006年第10期。

[42] 吕延方、王冬：《基于中国经验的制造外包主要影响因子研究》，《资源科学》2012年第3期。

[43] 马晶梅：《技术复杂度与中国外包企业技术优势及技术溢出效应——基于增加值的实证研究》，《科学学研究》2016年第9期。

[44] 马晶梅、卞惟珊、梁曙霞：《基于承接国视角的中国服务外包就业效应研究》，《科技与管理》2015年第5期。

[45] 马晶梅、贾红宇：《局部均衡条件下中国外包企业技术优势及溢出效应研究——基于技术复杂度视角》，《世界经济研究》2016年第2期。

[46] 马晶梅、贾红宇：《中国省级外国直接投资环境竞争力评价研究》，《国际贸易问题》2009年第10期。

[47] 马晶梅、王宏起：《外国直接投资在中国各地区的资本效应研究》，《国际贸易问题》2011年第8期。

[48] 马晶梅、杨金秋、负燕茹、王明晶：《论后金融危机时代本土

代工企业转型升级模式》,《北方经贸》2014 年第 10 期。

[49] 马晶梅、喻海霞:《鸿海集团的企业升级战略》,《企业管理》2014 年第 7 期。

[50] 马晶梅、喻海霞、贾红宇:《中国制造外包测度及其动态就业效应研究》,《国际商务》(对外经济贸易大学学报)2015 年第 2 期。

[51] 毛蕴诗、姜岳新、莫伟杰:《制度环境、企业能力与 OEM 企业升级战略——东菱凯琴与佳士科技的比较案例研究》,《管理世界》2009 年第 6 期。

[52] 毛蕴诗、吴瑶:《企业升级路径与分析模式研究》,《中山大学学报》(社会科学版)2009 年第 1 期。

[53] 毛蕴诗、郑奇志:《基于微笑曲线的企业升级路径选择模型——理论框架的构建与案例研究》,《中山大学学报》(社会科学版)2012 年第 3 期。

[54] 梅述恩、聂鸣:《嵌入全球价值链的企业集群升级路径研究——以晋江鞋企业集群为例》,《科研管理》2007 年第 4 期。

[55] 潘悦:《在全球化产业链条中加速升级换代——中国加工贸易的产业升级状况分析》,《中国工业经济》2002 年第 6 期。

[56] 平新乔:《产业内贸易理论与中美贸易关系》,《国际经济评论》2005 年第 5 期。

[57] 钱学锋、王菊蓉、黄云湖、王胜:《出口与中国工业企业的生产率——自我选择效应还是出口学习效应?》,《数量经济技术经济研究》2011 年第 2 期。

[58] 戚晓曜:《加工型企业实现产业升级的经验与启示》,《开放导报》2011 年第 6 期。

[59] 任志成、张二震:《承接国际服务外包的就业效应》,《财贸经济》2008 年第 6 期。

[60] 芮明杰:《发达国家"再工业化"的启示》,《财经国家周刊》

2012 年第 10 期。

[61] 单东：《金融危机条件下浙江民营企业的转型升级》，《特区经济》2009 年第 4 期。

[62] 沈春苗：《逆向外包与技能偏向性技术进步》，《财经研究》2016 年第 5 期。

[63] 孙红燕、张先锋：《国际代工企业升级模式研究》，《国际贸易问题》2012 年第 6 期。

[64] 孙辉煌：《跨国外包对承接国收入分配效应的实证分析——基于中国的经验分析》，《南京财经大学学报》2007 年第 4 期。

[65] 孙少勤、邱斌、唐保庆、赵伟：《加工贸易存在"生产率悖论"吗？——一个经验分析与理论解释》，《世界经济与政治论坛》2014 年第 2 期。

[66] 陶锋、李霆、陈和：《基于全球价值链知识溢出效应的代工制造业升级模式——以电子信息制造业为例》，《科学学与科学技术管理》2011 年第 6 期。

[67] 陶峰：《国际知识溢出、社会资本与代工制造业技术创新——基于全球价值链外包体系的视角》，《财贸经济》2011 年第 7 期。

[68] 唐海燕、程新章：《企业升级的路径选择——以温州打火机企业为例》，《科技管理研究》2006 年第 12 期。

[69] 唐宜红、马风涛：《国际垂直专业化对中国劳动力就业结构的影响》，《财贸经济》2009 年第 4 期。

[70]《万得城败走中国鸿海渠道转型屡战屡败》，《南方都市报（深圳）》2013 年 1 月。

[71] 汪建成、毛蕴诗、邱楠：《由 OEM 到 ODM 再到 OBM 的自主创新与国际化路径——格兰仕技术能力构建与企业升级案例研究》，《管理世界》2008 年第 6 期。

[72] 王俊、黄先海：《跨国外包对中国制造业就业的影响效应》，《财贸经济》2011 年第 6 期。

[73] 王俊、黄先海:《跨国外包体系下技术创新的出口效应——基于浙江省制造企业问卷调查数据的实证研究》,《国际贸易问题》2012 年第 10 期。

[74] 王丽平、许娜:《技术创新模式的代际转变:中小企业可持续成长的关键》,《科技进步与对策》2012 年第 2 期。

[75] 王生辉、孙国辉:《全球价值链体系中的代工企业组织学习与产业升级》,《经济管理》2009 年第 8 期。

[76] 王士伟:《中小型科技创新企业生命周期各阶段的特征及融资政策分析》,《科技进步与对策》2011 年第 10 期。

[77] 卫瑞、庄宗明:《生产国际化与中国就业波动:基于贸易自由化和外包视角》,《世界经济》2015 年第 1 期。

[78] 王云飞:《加工贸易的就业效应——基于行业面板数据的检验》,《国际商务研究》2013 年第 2 期。

[79] 王中华、梁俊伟:《中国参与国际垂直专业化分工的收入差距效应》,《经济评论》2008 年第 4 期。

[80] 魏守华、周斌:《中国高技术产业国际竞争力研究——基于技术进步与规模经济融合的视角》,《南京大学学报》(哲学·人文科学·社会科学)2015 年第 5 期。

[81] 吴际、石春生、刘明霞:《基于企业生命周期的组织创新要素与技术创新要素协同模式研究》,《管理工程学报》2011 年第 4 期。

[82] 吴丽果、胡正明:《本土代工企业转型中营销能力提升研究》,《区域经济评论》2012 年第 4 期。

[83] 肖文旺:《中国民营企业生命周期的典型特征》,《经济纵横》2011 年第 5 期。

[84] 徐操志、完颜绍华、许庆瑞:《组织创新的生命周期观》,《科研管理》2001 年第 6 期。

[85] 徐毅、张二震:《外包与生产率:基于工业行业数据的经验研究》,《经济研究》2008 年第 1 期。

［86］姚星、周茂、邰筱亮：《基于全球价值链分解视角的离岸外包绩效研究》，《科研管理》2016 年第 3 期。

［87］杨桂菊：《代工企业转型升级：演进路径的理论模型——基于3 家本土企业的案例研究》，《管理世界》2010 年第 6 期。

［88］杨桂菊：《本土代工企业产品研发体系构建理论与案例》，《管理科学》2008 年第 1 期。

［89］杨文芳、方齐云：《产品内国际生产分工对中国的劳动需求效应分析——基于制造业转移承接国的视角》，《财贸研究》2010 年第 5 期。

［90］杨英楠：《基于外包视角的中国制造企业价值链升级路径研究》，《中国科技论坛》2015 年第 7 期。

［91］用友软件股份有限公司：《中国企业转型升级的途径——百位CEO 调查报告》2009 年。

［92］于瑞卿、张英英：《基于生命周期理论的中国民营企业各阶段特征研究》，《经济研究导刊》2012 年第 9 期。

［93］俞荣建：《基于共同演化范式的代工企业 GVC 升级机理研究与代工策略启示——基于二元关系的视角》，《中国工业经济》2010 年第 2 期。

［94］俞荣建：《基于全球价值链治理的长三角本土代工企业升级机理研究》，浙江大学出版社 2010 年版。

［95］臧旭恒、赵明亮：《垂直专业化分工与劳动力市场就业结构——基于中国工业行业面板数据的分析》，《中国工业经济》2011 年第 6 期。

［96］张桂梅、张平：《价值链分工与发展中国家就业利益及风险分析》，《华东经济管理》2012 年第 11 期。

［97］张辉：《全球价值链下地方产业集群升级模式研究》，《中国工业经济》2005 年第 9 期。

［98］张秋菊、朱钟棣：《跨国外包的承接与中国技术进步关系的实证分析——基于 VECM 的长、短期因果关系检验》，《世界经

济研究》2008 年第 6 期。

[99] 张小蒂、孙景蔚:《基于垂直专业化分工的中国产业国际竞争力分析》,《世界经济》2006 年第 5 期。

[100] 张小蒂、朱勤:《论全球价值链中中国企业创新与市场势力构建的良性互动》,《中国工业经济》2007 年第 5 期。

[101] 张雄、聂鸣、段文娟:《嵌入全球价值链的发展中国家企业升级途径研究》,《科技管理研究》2005 年第 12 期。

[102] 张亚斌、刘天琦:《逆向外包:理论源起、前沿进展与全球化战略路径创新》,《经济与管理研究》2016 年第 12 期。

[103] 郑飞虎、常磊:《跨国公司研发外包活动的研究:中国的实证与新发现》,《南开经济研究》2016 年第 4 期。

[104] 朱伟、唐国琼:《民营企业新型治理观——基于生命周期的关键利益相关者治理模式研究》,《中央财经大学学报》2008 年第 5 期。

[105] 朱钟棣、李小平:《中国工业行业资本形成、全要素生产率变动及其趋异化:基于分行业面板数据的研究》,《世界经济》2005 年第 9 期。

[106] 朱钟棣、罗海梅、李小平:《中国 OEM 厂商的升级之路》,《南开学报》(哲学社会科学版)2006 年第 5 期。

[107] 周慧、郑伟均:《高新技术企业生命周期的融资选择》,《科技进步与对策》2004 年第 10 期。

[108] 卓越:《全球价值链治理、升级与本土企业的绩效》,《财贸经济》2009 年第 8 期。

[109] 周长富、杜宇玮:《代工企业转型升级的影响因素研究》,《世界经济研究》2012 年第 7 期。

[110] Michelle Kam、Chee Hew、李志、姜一炜:《向服务业务模式转型——中国企业的可持续发展之路》,财富中文网,2009 年,5http://www.fortunechina.com/.

[111] Amighini, Alessia, "China in the International Fragmentation of

Production: Evidence from the ICT Industry", *The European Journal of Comparative Economics*, Vol. 2, No. 2, 2005.

[112] Amiti, Mary, and Shang – Jin Wei, "Fear of Service Outsourcing: Is It Justified?", *IMF Working Paper*, 2004.

[113] Amiti, Mary, and Shang – Jin Wei. "Service Offshoring, Productivity, and Employment: Evidence from the United States", *IMF Working Paper*, WP/05/238, 2005.

[114] Anderton, Bob, and Paul Brenton, "Outsourcing and Low – skilled Workers in the UK", *Bulletin of Economic Research*, Vol. 51, No. 4, 1999.

[115] Arndt, Sven W., "Super – Specialization and the Gains from Trade. Contemporary", *Contemporary Economic Policy*, Vol. 16, No. 4, 1998.

[116] Arndt, Sven W., "Globalization and the Open Economy", *The North American Journal of Economics and Finance*, Vol. 8, No. 1, 1997.

[117] Baily, Martin Neil, and Robert Z. Lawrence, "What Happened to the Great U. S. Job Machine? The Role of Trade and Electronic Offshoring", *Brookings Papers on Economic Activity*, Vol. 35, No. 2, 2004.

[118] Bartel, Ann, Saul Lach, and Nachum Sicherman, "Outsourcing and Technological Change", *National Bureau of Economic Research*, 2005.

[119] Berman, Eli, John Bound, and Zvi Griliches, "Changes in the Demand for Skilled Labor within US Manufacturing: Evidence from the Annual Survey of Manufactures", *The Quarterly Journal of Economics*, Vol. 109, No. 2, 1994.

[120] Brainard, Lael, and Robert E. Litan, "Offshoring Service Jobs: Bane or Boon – and What to Do?", Washington, DC: Brookings

Institution, 2004.

[121] Campa, J. & Goldberg, L. S. , "The Evolving External Orienta-
tion of Manufacturing Industries: Evidence from Four Countries",
National Bureau of Economic Research Working Papers, No. 5919,
1997.

[122] Carr, David L. , James R. Markusen, and Keith E. Maskus,
"Estimating the Knowledge – Capital Model of the Multinational
Enterprise", *The American Economic Review*, Vol. 91, No. 3,
2001.

[123] Czech, Brian, and Keong T. Woo, "The Impact of Outsourcing to
China on Hong Kong's Labor Market", *The American Economic
Review*, Vol. 95, No. 5, 2005.

[124] Doh, Jonathan P. , "Offshore Outsourcing: Implications for Inter-
national Business and Strategic Management theory and Practice",
Journal of Management Studies, Vol. 42, No. 3, 2005.

[125] Egger, Hartmut, and Peter Egger, "Cross Border Outsourcing: A
General Equilibrium Perspective and Evidence for Outward Pro-
cessing in EU Manufacturing", *Austrian Institute of Economic Re-
search (WIFO) Working Paper*, No. 139, 2001.

[126] Egger, Peter H. , Michael Pfaffermayr, and Andrea Weber, *Sec-
toral Adjustment of Employment: The Impact of Outsourcing and
Trade at the Micro Level*, Social Science Electronic Publishing,
2003.

[127] Egger, Hartmut, and Peter Egger, "Outsourcing and Skill – Spe-
cific Employment In A Small Economy: Austria after the Fall of the
Iron Curtain", *Oxford Economic Papers*, Vol. 55, No. 4, 2003.

[128] Egger, Hartmut, and Peter Egger, "Labor Market Effects of Out-
sourcing under Industrial Interdependence", *International Review
of Economics & Finance*, Vol. 14, No. 3, 2005.

[129] Egger, Hartmut, and Peter Egger, "International Outsourcing and the Productivity of Low – Skilled Labour in the EU", *Economic Inquiry*, Vol. 44, No. 1, 2006.

[130] Farrell, Diana, and V. Agrawal, "Offshoring: Is it a Win – Win Game?", *McKinsey Global Institute*, 2003.

[131] Feder, Gershon, "On Exports and Economic Growth", *Journal of Development Economics*, Vol. 12, No. 1 – 2, 1982.

[132] Feenstra, Robert C., and Gordon H. Hanson, "Foreign Direct Investment and Relative Wages: Evidence from Mexico's Maquiladoras", *Journal of International Economics*, Vol. 42, No. 3, 1997.

[133] Feenstra, Robert C., and Gordon H. Hanson, "Foreign Investment, Outsourcing, and Relative Wages", *National Bureau of Economic Research Working Paper*, No. 5121, 1995.

[134] Feenstra, Robert C., "Integration of Trade and Disintegration of Production in the Global Economy", *The Journal of Economic Perspectives*, Vol. 12, No. 4, 1998.

[135] Feenstra, Robert C., and Gordon H. Hanson, "Ownership and Control in Outsourcing to China: Estimating the Property – Rights Theory of the Firm", *The Quarterly Journal of Economics*, Vol. 120, No. 2, 2005.

[136] Feenstra, Robert C., "Restoring the Product Variety and Pro – Competitive Gains from Trade with Heterogeneous Firms and Bounded Productivity", *NBER Working Papers*, 2014.

[137] Fender, John, "Money, Capital Mobility, and Trade: Essays in Honor of Robert A. Mundell", *The Economic Journal*, Vol. 113, No. 485, 2003.

[138] Fernandes, Ana M., "Trade Policy, Trade Volumes and Plant – level Productivity in Colombian Manufacturing Industries", *Jour-*

nal of International Economics, Vol. 71, No. 1, 2007.

[139] Fontagne L. , Gaulier G. , Zignago S. , "Specialisation across Varieties within Products and North – South Competition", *SSRN Electronic Journal*, 2007.

[140] Frederick, Stacey, and Gary Gereffi, "Upgrading and Restructuring in the Global Apparel Value Chain: Why China and Asia Are Outperforming Mexico and Central America", *International Journal of Technological Learning, Innovation and Development*, Vol. 4, No. 1 – 3, 2011.

[141] Geishecker, Ingo, and Holger Görg, "Winners and Losers: A Micro – level Analysis of International Outsourcing and Wages", *Canadian Journal of Economics/Revue canadienne d' économique*, Vol. 41, No. 1, 2008.

[142] Geishecker, Ingo, "The Impact of International Outsourcing on Individual Employment Security: A Micro – level Analysis", *Labour Economics*, Vol. 15, No. 3, 2008.

[143] Gereffi, Gary, "A Commodity Chains Framework for Analyzing Global Industries", *Institute of Development Studies*, Vol. 8, No. 12, 1999.

[144] Gereffi, Gary, "International Trade and Industrial Upgrading in the Apparel Commodity Chain", *Journal of international economics*, Vol. 48, No. 1, 1999.

[145] Gereffi, Gary, John Humphrey, and Timothy Sturgeon, "The Governance of Global Value Chains", *Review of International Political Economy*, Vol. 12, No. 1, 2005.

[146] Gereffi, Gary, and Stacey Frederick, "The Global Apparel Value Chain, Trade and the Crisis: Challenges and Opportunities for Developing Countries", *Policy Research Working Paper*, 2010.

[147] Gerem, G. , and J. Humphrey. "The Governance of Global Val-

ue Chain: An Analytic Framework", *Review of International Political Economy*, Vol. 12, No. 2, 2005.

[148] Görg, Holger, and Aoife Hanley, "The Labor Demand Effects of International Outsourcing: Evidence from Plant – level Data", *International Review of Economics & Finance*, Vol. 14, No. 3, 2005.

[149] Görg, Holger, Aoife Hanley, and Eric Strobl, "Productivity Effects of International Outsourcing: Evidence from Plant Level Data", *Canadian Journal of Economics/Revue canadienne d' économique*, Vol. 41, No. 2, 2008.

[150] Görg, Holger, and Dennis Görlich, "Offshoring, Wages and Job Security of Temporary Workers", *Review of World Economics*, Vol. 151, No. 3, 2015.

[151] George G., "Learning to Be Capable: Patenting and Licensing at the Wisconsin Alumni Research Foundation 1925 – 2002", *Industrial & Corporate Change*, Vol. 14, No. 1, 2005.

[152] Greenaway, David, Robert C. Hine, and Peter Wright, "An Empirical Assessment of the Impact of Trade on Employment in the United Kingdom", *European Journal of Political Economy*, Vol. 15, No. 3, 1999.

[153] Grossman, Gene M., and Elhanan Helpman, "Integration versus Outsourcing in Industry Equilibrium", *The Quarterly Journal of Economics*, Vol. 117, No. 1, 2002.

[154] Grossman, Gene M., and Elhanan Helpman, "Outsourcing in a Global Economy", *The Review of Economic Studies*, Vol. 72, No. 1, 2005.

[155] Grossman, Steve, and Mark Jones, "Oversea Outsourcing – Making it Work. Manufacturing Engineer", *Manufacturing Engineer*, Vol. 81, No. 5, 2002.

［156］Guinot, J. , and J. M. Ulmer, "Offshore Outsourcing of Manu-
facturing: A Composite Case Study", *The Business Journal for En-
trepreneurs*, Vol. 2014, No. 1, 2014.

［157］Head, Keith, and John Ries, "Offshore Production and Skill Up-
grading by Japanese Manufacturing Firms", *Journal of Interna-
tional Economics*, Vol. 58, No. 1, 2002.

［158］Helg, Rodolfo, and Lucia Tajoli, "Patterns of International Frag-
mentation of Production and Implications for the Labour Markets",
The North American Journal of Economics and Finance, Vol. 16,
No. 2, 2005.

［159］Hijzen, Alexander, Holger Görg, and Robert C. Hine, "Interna-
tional Outsourcing and the Skill Structure of Labor Demand in the
United Kingdom", *The Economic Journal*, Vol. 115, No. 506,
2005.

［160］Hijzen, Alexander, "International Outsourcing, Technological
Change, and Wage Inequality", *Review of International Econom-
ics*, Vol. 15, No. 1, 2007.

［161］Hobday, Michael, and Fernando Afonso de Barros Perini, "Late-
comer Entrepreneurship: A Policy Perspective", *Research 1*,
2010.

［162］Hummels, David L. , Dana Rapoport, and Kei – Mu Yi, "Verti-
cal Specialization and the Changing Nature of World Trade", *Fed-
eral Reserve Bank of New York Economic Policy Review*, 1998.

［163］Hummels, David, Jun Ishii, and Kei – Mu Yi, "The Nature and
Growth of Vertical Specialization in World Trade", *Journal of in-
ternational Economics*, Vol. 54, No. 1, 2001.

［164］Hummels, David, et al. , "The Wage and Employment Effects of
Outsourcing: Evidence from Danish Matched Worker – Firm Da-
ta", *The American Economic Review*, Vol. 104, No. 6, 2014.

[165] Humphrey, John, and Hubert Schmitz, "Governance and Upgrading: Linking Industrial Cluster and Global Value Chain Research", *Institute of Development Studies Working Paper*, Vol. 120, 2000.

[166] Humphrey, Schmitz, "How Does Insertion in Global Value Chains Affect Upgrading in Industrial Clusters?", *Regional Studies*, Vol. 36, No. 9, 2002.

[167] Irwin, Douglas A., "The United States in a New Global Economy? A Century's Perspective", *The American Economic Review*, Vol. 86, No. 2, 1996.

[168] Jones, Ronald, Henryk Kierzkowski, and Chen Lurong, "What does Evidence Tell us about Fragmentation and Outsourcing?", *International Review of Economics & Finance*, Vol. 14, No. 3, 2005.

[169] Jones, Ronald, and Henryk Kierzkowski, "Globalization and the Consequences of International Fragmentation", *Capital Mobility & Trade Essays in Honor of Robert A*, Vol. 59, No. 5, 1998.

[170] Kaplinsky, Raphael, and Mike Morris, "A Handbook for Value Chain Research", *IDRC*, Vol. 113, 2001.

[171] Kasahara H, Lapham B., "Productivity and the Decision to Import and Export: Theory and Evidence", *Journal of International Economics*, Vol. 89, No. 2, 2008.

[172] Khan, Naureen, and Guy Fitzgerald, "Offshore Outsourcing Business Models: An Analysis of Four Cases", *Global Sourcing of Services: Strategies, Issues and Challenges*, 2016.

[173] Kletzer, Lori G., "Trade and Job Loss in US Manufacturing, 1979 – 1994", *The Impact of International Trade on Wages*, University of Chicago Press, 2000.

[174] Kohler, Wilhelm, "The Distributional Effects of International

Fragmentation", *German Economic Review*, Vol. 4, No. 1, 2003.

[175] Krugman, Paul, "History and Industry Location: The Case of the Manufacturing Belt", *The American Economic Review*, Vol. 81, No. 2, 1991.

[176] Kugler M, Verhoogen E. , "Prices, Plant Size, and Product Quality", *Review of Economic Studies*, Vol. 79, No. 1, 2011.

[177] Lane, Peter J. , and Michael Lubatkin, "Relative Absorptive Capacity and Interorganizational Learning", *Strategic Management Journal*, Vol. 19, No. 5, 1998.

[178] Lawrence, R. Z. , "Trade Multinationals and Labor", *National Bureau of Economic Research*, *Working Paper*, No. 4836, 1994.

[179] Lucas, Robert E. , "On the Mechanics of Economic Development", *Journal of Monetary Economics*, Vol. 22, No. 6, 1988.

[180] Lundvall, Bengt - Å. , "Why Study National Systems and National Styles of Innovations?", *Technology Analysis & Strategic Management*, Vol. 10, No. 4, 1998.

[181] Jingmei, Ma, and Hongyu Jia, "The Role of Foreign Direct Investment and Spatial Effect on Income Convergence: In Case of China after Early 1990s", *Review of Development Economics*, Vol. 19, No. 4, 2015.

[182] Jingmei, Ma, Yibing Ding, and Hongyu Jia, "The Impacts of Japanese and US Outsourcing on Chinese Firms", *Review of Development Economics*, Vol. 20, No. 1, 2016.

[183] Molnar, Margit, Nigel Pain, and Daria Taglioni, "The Internationalization of Production, International Outsourcing and Employment in the OECD", *OECD Economics Department Working Paper*, No. 561, 2007.

[184] Morrison Paul, Catherine J. , and Donald S. Siegel, "The Impacts of Technology, Trade and Outsourcing on Employment and

Labor Composition", *The Scandinavian Journal of Economics*, Vol. 103, No. 2, 2001.

[185] Mukherjee, Debmalya, Ajai S. Gaur, and Avimanyu Datta, "Creating Value through Offshore Outsourcing: An Integrative Framework", *Journal of International Management*, Vol. 19, No. 4, 2013.

[186] Munch, Jakob R., "Whose Job Goes abroad? International Outsourcing and Individual Job Separations", *The Scandinavian Journal of Economics*, Vol. 112, No. 2, 2010.

[187] Nelson, Richard R., "Why Do Firms Differ, and How Does It Matter?", *Strategic Management Journal*, Vol. 12, No. S2, 1991.

[188] Nelson, Richard R., *An Evolutionary Theory of Economic Change*, Harvard University Press, 2009.

[189] Pack, Howard, and Kamal Saggi, "Vertical Technology Transfer via International Outsourcing", *Journal of Development Economics*, Vol. 65, No. 2, 2001.

[190] Pietrobelli, Carlo, Roberta Rabellotti, and Matteo Aquilina, "An Empirical Study of The Determinants of Self-Employment in Developing Countries", *Journal of International Development*, Vol. 16, No. 6, 2004.

[191] Pinto, Pablo M., and Stephen Weymouth, "Partisan Cycles in Offshore Outsourcing: Evidence from US Imports", *Economics & Politics*, Vol. 28, No. 3, 2016.

[192] Quinn, James Brian, "Strategic Outsourcing: Leveraging Knowledge Capabilities", *Sloan Management Review*, Vol. 40, No. 4, 1999.

[193] Radosevic, Slavo, "International Technology Transfer Policy: From 'Contract Bargaining' to 'Sourcing'", *Technovation*, Vol.

19, No. 6, 1999.

[194] Romer, Paul M. , "Endogenous Technological Change", *Journal of Political Economy*, Vol. 98, No. 5, 1990.

[195] Rodrik, Dani, "Has Globalization Gone Too Far?", *California Management Review*, Vol. 39, No. 3, 1997.

[196] Sirkin, Harold L, M. Zinser, and D. Hohner, "Made in America, Again: Why Manufacturing Will Return to The U. S. ", *Boston Consulting Group*, 2011.

[197] Slaughter, Matthew J. , "Multinational Corporations Outsourcing and American Wage Divergence", *National Bureau of Economic Research Working Paper*, No. 5253, 1995.

[198] Strauss – Kahn, Vanessa, "The Role of Globalization in the Within – industry Shift Away from Unskilled Workers in France", *National Bureau of Economic Research Working Paper*, No. 9716, 2003.

[199] Teece, David J. , Gary Pisano, and Amy Shuen, "Dynamic Capabilities and Strategic Management", *Strategic Management Journal*, No. 7, 1997.

[200] Tomiura, Eiichi, Banri Ito, and Ryuhei Wakasugi, "Offshore Outsourcing and Non – production Workers: Firm – level Relationships Disaggregated by Skills and Suppliers", *The World Economy*, Vol. 36, No. 2, 2013.

[201] Wernerfelt, Birger, "From Critical Resources to Corporate Strategy", *Journal of General Management*, Vol. 14, No. 3, 1989.

[202] Yeats, Alexander J. , "Just How Big Is Global Production Sharing?", *World Bank Working Paper*, 1998.

[203] Lall Sajaya, "The Technological Structure and Performance of Developing Country Manufactured Exports", *Oxford Development Study*, No. 3, 2000.

[204] Sanjaya Lall, "The Technological Structure and Performance of Developing Country Manufactured Exports, 1985 - 1998", *Oxford Development Studies*, Vol. 28, No. 3, 2010.

[205] Teece D. J., "Explicating Dynamic Capabilities: The Nature and Microfoundations of (Sustainable) Enterprise Performance", *Strategic Management Journal*, Vol. 28, No. 13, 2007.

[206] Verhoogen E A., "Trade, Quality Upgrading and Wage Inequality in the Mexican Manufacturing Sector", *Quarterly Journal of Economics*, Vol. 123, No. 2, 2007.

[207] Wang Zhi, "Gross Trade Accounting: Discover Information of Global Value Chain from Gross Trade Flows: Global Value - Chain Training and Research", *Workshop UIBE*, 2015.

[208] Wu L. Y., "Applicability of the Resource - Based and Dynamic - Capability Views under Environmental Volatility", *Journal of Business Research*, Vol. 63, No. 1, 2010.